# LE ROMAN

DU

CHEVALIER DE LA CHARRETTE.

Cette édition se tire a 225 exemplaires, dont 16 sur papier de couleur.

Imp de P. REGNIER, rue de l'Arbalète, 9, à Reims.

LE ROMAN

DU

CHEVALIER DE LA CHARRETTE

PAR

Chretien de Troyes et Godefroy de Laigny.

REIMS.

—

1849.

RECHERCHES

Sur la Vie et les Ouvrages de Chretien de Troyes et Godefroy de Laigny.

Le douzième siècle, comme ses devanciers et ses successeurs, devait payer à la terre son tribut de grands événements et d'hommes célèbres. Louis le Gros émancipe les communes; Philippe Auguste arrache la couronne à la tyrannie féodale et la France à la domination étrangère. Louis VII, Henri II d'Angleterre, Richard Cœur de Lion troublent le monde; Suger et Saint Bernard le mènent. La mort de Thomas Becket ensanglante les annales de l'Europe; les croisades les illustrent. L'agitation politique réveille l'intelligence humaine : la science devient un besoin, l'étude un plaisir. Nos premiers colléges se fondent. Yves de Chartres, Robert d'Arbrissel, Hugues de St Victor, Pierre Lombard, Pierre de Corbeil, Saint Dominique, Guillaume de Tyr, Jean de Salisbury, le champenois Pierre le Mangeur, soutiennent encore avec succès l'honneur des lettres latines.

Cependant la dernière heure de la vieille littérature était venue. Une nouvelle ère allait commencer pour le poète et le prosateur. La langue française s'est formée : elle a ses maîtres et ses disciples. Au midi les troubadours, au nord les trouvères secouent le joug du classique latin et travaillent pour d'autres que pour les clercs. Epopées, poèmes galants ou comiques, contes joyeux, tendres chansonnettes surgissent de toutes parts. La littérature nationale a posé son berceau entre la renaissance des libertés municipales et l'affranchissement de la monarchie. Bientôt, comme le pays, comme nos rois, elle va porter haut sa tête indépendante.

Le peuple parlait la langue française. L'élite de la société commençait à l'écrire. D'ingénieux novateurs augmentèrent ses richesses, polirent ses locutions parfois encore dures et barbares, et donnèrent à la phrase une élégance, une harmonie qu'elle n'avait pas dans la bouche du vulgaire. Le succès couronna leurs efforts, et, pendant plus d'un siècle, ils restèrent chefs d'école. Ils furent imités, mais non surpassés.

A la tête de cette révolution intellectuelle se placent, avec quelques autres, deux nobles enfants de la vieille Champagne, l'un prosateur et historien, l'autre poète et romancier. Vers 1167 naissait, près de Bar-sur-Aube, Geoffroy de Villehardouin. Bon général, habile diplomate, il fut le chef des chroniqueurs français, et le précurseur de son célèbre compatriote le sire de Joinville.

Avant lui déjà brillait dans les cours de France, de Champagne et de Flandres, un poète aimable, fécond et spirituel. La pureté de son style, la délicatesse, la décence de sa pensée, les ressources de son imagination, la sagesse savante de ses compositions l'avaient assis parmi les patriciens de la nouvelle république littéraire. Je veux parler de Chrestien de Troyes (1).

Sa modestie égalait son mérite : jamais il ne prit la plume pour mêler l'histoire de sa vie à ses poèmes les plus popupulaires. Personne n'a fait le récit qu'il ne voulut pas imposer aux lecteurs. Aussi sa biographie n'est-elle qu'une suite

---

(1) Nous comptions consacrer à ses romans plusieurs volumes de notre collection. Mais nous avons su qu'un homme de lettres, déjà connu par d'importants travaux, préparait une édition complète des œuvres de Chrestien de Troyes. Nous n'avions pas songé à une pareille entreprise et nous ne pouvions lui faire concurrence. Nous avons donc réduit à quelques feuilles d'impressions notre publication. La notice que nous destinions à résumer nos recherches sur ses poèmes et sa vie a dû subir aussi des retranchements. Nous ne ferons donc qu'effleurer le sujet. Un autre l'approfondira ; le public aura tout à y gagner.

d'incertitudes et de mystères. S'il eût, comme un conquérant, exterminé de pacifiques populations et détruit de grandes cités, s'il eût commis quelque forfait exécrable, nos chroniques épouvantées auraient conservé scrupuleusement sa mémoire. Il fit le charme des salons princiers et de la veillée patriarcale ; il sut distraire l'ennui des gens oisifs, amuser la jeunesse et ramener le sourire sur les lèvres tremblantes du vieillard. Et l'espèce humaine, dans son égoïsme, ne s'est pas inquiétée de savoir ce que fut l'écrivain qui lui donnait de douces jouissances. Pendant plus de trois siècles, romanciers et légendaires ont pris à pleines mains dans le trésor de ses idées, et aucun d'eux n'a parlé de l'homme qui rendit à la littérature tant de services signalés. C'était alors ainsi ; les choses ont-elles bien changé ?

Quoiqu'il en soit, Chrestien reçut le jour en Champagne : la ville de Troyes lui donna le jour : fier de sa patrie, comme elle doit être fière de son enfant, il adopta son nom et le prit dans quelques uns de ses poèmes (1). Il naquit sous Louis VII (1137-1180) à une époque difficile à préciser, probablement de 1140 à 1150. Alors régnait en Champagne le comte Thibault II, ce prince sage et vaillant, qui fit le bonheur de ses sujets. Il mourut en 1152 : Henri 1er, l'ainé de ses fils, lui succéda dans les comtés de Champagne et de Brie ; le second Thibault eut le comté de Blois ; le troisième Etienne la seigneurie de Sancerre en Berry ; le quatrième Guillaume aux blanches mains fut archevêque de Reims ; leur sœur Alix fut la troisième femme de Louis VII, qui l'épousa vers 1160. D'autres alliances devaient encore unir les descendants d'Hugues Capet et ceux des comtes de Vermandois : la fille de Louis VII et de la célèbre Eléonore d'Aquitaine, Alix de France eut pour mari ce Thibaud, qui devenait comte de Blois.

Sous Henri 1er la Champagne fut florissante : Son règne fut pour nos villes une ère de prospérité : la reconnaissance des peuples en conserva pieusement le souvenir. Ce prince s'unit à Marie de France, aussi fille de Louis VII et d'Eléonore. Il mourut en 1175 et laissa ses comtés à Henry IIe du nom, brave compagnon d'armes de Philippe Auguste.

Aussi pendant plus d'un demi-siècle les cours de France et de Champagne eurent-elles les relations les plus intimes. Chretien en

---

(1) Voir le début du roman d'Erec et d'Enide : m^{tt} fonds Cangé n° 27. Ancien fonds n° 7,535-5- n° 6,987.

profita. Son mérite l'avait tiré de la foule. La noblesse était alors la seule classe éclairée de la nation : travailler pour elle c'était servir la cause de la littérature et de la civilisation. Elle adopta notre poète, le combla de faveurs et ne cessa de le patroner. Chrétien servit-il la cour comme officier? La suivit-il comme homme de lettres ? C'est ce que nous ignorons.

Au bon accueil qu'il recevait, aux encouragements qu'on lui donnait il répondait par des poésies légères et galantes , par des contes gracieux et de romanesques récits. Les dames et damoiselles du haut monde entendaient et maniaient l'idiome national. Le poète jouissait de leur savoir : heureux d'être compris et goûté par elles, il fait une allusion évidente à ses succès, quand il dit dans son poème du Chevalier de la charrette, en parlant de la cour du roi Artus :

> Si ot avec lui, ce me semble,
> Mainte bele Dame cortoise
> Bien parlant à langue françoise.

Aux châtelaines de la cour de Louis VII il dédia des couplets aimables et tendres (1). Afin de plaire aux preux de son temps , il célébra la chevalerie et ses exploits. Est-il besoin de dire qu'il chanta les amours ? mais était-ce toujours pour le compte d'autrui ? on a peine à le croire.

Son talent, sa renommée et peut-être aussi des circonstances politiques lui procurèrent des protecteurs hors de France. En 1128 la maison d'Alsace avait pris possession du comté de Flandres. Louis VI vers 1128 en donnait l'investiture à Thierry. En 1168 son fils Philippe Ier lui succédait. Il mourut sans enfants et sa sœur Marguerite fut son héritière : elle avait épousé Baudouin, comte de Haynault. Isabelle leur fille s'unit en 1180(2) à Philippe Auguste. Baudouin, leur fils et leur successeur dans les comtés de Flandres et de Haynault, contracta mariage avec Marie de Champagne. C'est lui qui mourut empereur de Constantinople en 1206. Les liens de famille qui unissaient les maisons de France, de Champagne et de Flandres permettaient sans doute à leurs serviteurs, à leurs protégés de trouver dans chacune d'elles bienveillance et libéral accueil. Ce qu'il y a de certain c'est que Chrestien de Troyes vécut aussi près du comte de Flandres

---

(1) M^{it} Mouchet 8. — Fonds St Germain m^{it} n° 1989. — Ancien fonds m^{it} n° 7615. — Fonds de Lavallière n° 59. Roquefort (état de la poésie française aux 12 et 13e siècles pages 72 et 73) cite deux couplets de Ch. de Troyes.

(2) Elle n'avait alors que dix ans et mourut à Paris en 1190.

Philippe. Il travailla longtemps pour lui. Nous allons bientôt le voir composer par ordre de ce prince éclairé quelques uns de ses poèmes.

Chrétien fréquenta donc le palais des rois et celui des princes. La société la plus brillante, la plus instruite, lui donnait asile dans son sein. Sa gratitude et les exigences de sa position l'amenèrent à composer des épopées royales et chevaleresques.

C'est à peu près à l'époque où Louis VII concluait la paix de Montmirail avec Henry II, roi d'Angleterre, et que ce dernier prince faisait assassiner l'archevêque de Cantorbery, que commencèrent à paraître les œuvres de Chrétien (1168 1170.) Presque toutes elles se rattachent à un mythe alors neuf, florissant et populaire. Nous ne pouvons aller plus loin sans en avoir parlé.

Si l'une de nos provinces peut justement se glorifier d'avoir eu la première des poésies nationales, c'est sans contredit la Bretagne. Ses vieilles légendes ont traversé les âges : ses refrains, jeunes malgré leurs quinze siècles, sont encore chers aux celtes de nos jours. A la noble Armorique, la France et l'Angleterre ont emprunté la source la plus riche où jamais aient puisé poètes et prosateurs. A ses bardes on doit Artus et ses compagnons.

Sous le règne de Louis le Gros un érudit patriote et patient, nommé Gautier ou Walter avait recueilli des chants celto-gallois faits en l'honneur des princes des deux Bretagnes. Geoffroy Monmouth, l'illustre bénédictin anglais, les traduisit en latin. Mais, comme il l'avoue lui-même, il enrichit son texte de faits et de détails conservés par des chroniques plus ou moins sérieuses. Ses travaux enfantèrent les romans du cycle Breton. A son exemple, les poètes contemporains ajoutèrent à ses récits : ils les modifièrent pour les adapter aux mœurs de leur temps. Les institutions chevaleresques venaient de naître. Alors pleines de vie et en honneur elles imprimaient leur cachet aux usages, à la littérature, aux fêtes, aux événements politiques. La poésie consacra sa lyre à leur gloire. D'Artus et de ses compagnons elle fit des chevaliers, ceux de la table ronde. Geoffroy Monmouth n'avait rien dit de cette corporation depuis si célèbre. L'anglo-normand Robert-Wace (1155) disait le premier :

> Fist Artus la reonde table,
> Dont Breton dient mainte fable.

Voici donc le héros de l'indépendance celtique, le fils d'Uther et d'Igerne, le chef des chefs Bretons à la tête d'un ordre qui reçut le jour six siècles après lui. Cette création avait le mérite de flatter les idées du jour ; elle fut donc bien ac-

X

cueillie, comme tout ce qui sait venir à propos. Les traditions, qui conservaient pieusement la mémoire d'Arthus, se rajeunirent et reprirent un nouvel éclat, grâce à la table ronde. On découvrit partout des monuments qui établissaient leur authenticité. La table ronde elle-même fut retrouvée et dans le XVe siècle on la montrait encore à Winchester. Sur sa surface étaient gravés les noms des 24 chevaliers qui l'avaient illustrée.

Tout ordre de chevalerie devait avoir son but : celui de la table ronde eut le sien. Ses membres s'étaient dévoués à la recherche du Saint Graal. On nommait ainsi le vase dans lequel Jésus-christ avait célébré le mystère du saint sacrement. Joseph d'Arimathie s'en servit pour recueillir le sang du Dieu crucifié. Après une incarcération de 42 ans, délivré par Vespasien il vint chercher un asile en France et y amena le Saint Graal. Lorsqu'il fut mort, son fils et ses amis emportèrent en Bretagne la sainte relique. Elle avait fini par s'égarer ; mais les descendants de Joseph, toujours protégés par elle, ne lui en durent pas moins les vertus éminentes qui les distinguaient. Arthur et ses compagnons représentaient cette glorieuse famille. Ils se sont engagés à rechercher le divin calice ; ils n'auront droit au repos que quand ils l'auront retrouvé. Tel est le récit des poètes et des légendaires Bretons et Anglo-normands.

C'est dans ce cadre que se posent les romans de la Table ronde: Les uns vont droit au but; ils traitent réellement de la quête du Saint-Graal et des aventures arrivées aux chevaliers qui l'ont emprise. Les autres lancent les compagnons d'Artus dans une suite de hauts-faits, de bonnes et de mauvaises fortunes sans rapport avec leur religieuse mission. Il en est qui se bornent à faire passer à la cour d'Artus les héros dont ils célèbrent les amours et les prouesses.

Les premiers qui exploitèrent les légendes de Geoffroy de Monmouth, écrivirent en latin. Ces compositions originales n'existent plus ; ou du moins, de nos jours, on ne les connaît pas. Les romanciers, qui se donnent pour de simples traducteurs, n'ont-ils pas fait un mensonge afin de faciliter la voie dans le monde littéraire aux œuvres de leur imagination ? On aura peine à concevoir une pareille supercherie, surtout quand elle se répète, qu'elle se perpétue et que le succès la rend inutile. Il fallut donc avant tout faire passer dans l'idiome populaire des textes inintelligibles pour la foule.

Henry II, roi d'Angleterre (1154, 1189), l'arrière petit-fils de Guillaume le Conquérant, possesseur d'une grande partie de la

France, monarque longtemps heureux au dehors et chez lui, protégeait les sciences et les lettres. Par ses ordres, Gautier Map, chevalier de sa cour, acheva les traductions commencées par Luces de Gast et messire Gasse le Blond. Il déclare avoir trouvé dans une armoire de l'abbaye de Salisbury les manuscrits, qu'il translata de latin en français pour satisfaire la curiosité du prince. Avec lui travaillaient Robert et Hélie de Borron : c'est à ces pères de notre littérature que les poètes du XIIe siècle durent les sujets dont ils s'emparèrent de suite. La prose de Gautier Map et de ses collaborateurs fut bientôt convertie en élégante poésie. Bientôt Rusticien de Pise, qui florissait à la fin du XIIIe siècle, abrégeait ces poèmes sans fin (1). Trois siècles après, les vers de Chrétien et ceux de ses rivaux étaient remis en prose et livrés à l'impression. Cent ans plus tard encore, ces versions reparaissaient en style alors moderne et recevaient une nouvelle existence, quand l'auteur de Don Quichotte leur donna le coup de la mort. Néanmoins les compilateurs du XVIIIe siècle daignèrent les feuilleter et en publier quelques extraits (2) De nos jours, les préjugés soulevés par les académiciens classiques, contemporains de Louis XIV et de Louis XV, sont éteints. Les vieux manuscrits ont retrouvé des lecteurs : le public a compris que des œuvres qui, pendant plus de trois cents ans, surent plaire à l'élite de la nation, ne pouvaient pas être sans valeur. Les romans de la Table ronde sortent du gouffre où Cervantes les avait inhumés avec tant de rigueur et de gaîté.

Rien ne fut plus populaire en Europe que l'histoire du roi Artus. Du nord au midi, de l'orient à l'occident on la racontait. La poétique Italie, la Grèce aux traditions homériques, la rêveuse Allemagne, la Flandre encore barbare, l'Espagne héroïque dans ce temps, la fière Angleterre et notre France alors comme toujours spirituelle et chevaleresque répétaient cette merveilleuse épopée. Chacun la savait : on comprenait à demi-mot les allusions qui s'y faisaient. Elle protégeait et popularisait tout ce qui s'y rattachait. Les gens de lettres se placèrent sous son égide : Chrétien de Troyes fit comme ses contemporains. C'était un moyen de réussir : ce fut de plus pour notre poète une nécessité. Plusieurs fois il reçut à cet égard de ces conseils, qui valent des injonctions. Nous allons le voir tantôt entrer pleinement dans les légendes de la Table ronde et de

---

(1) V. M^{it} de la Bibl. nat., n° 6964.

(2) Bibliothèque des Romans. Paris. 1775-1789.

la quête du Saint Graal, tantôt en sortir comme par une porte dérobée pour y revenir ensuite, parfois traiter des sujets tout-à-fait étrangers au thême Breton, mais les rattacher toujours à l'indispensable Artus.

En tête de son roman de Cligès dont nous parlerons un peu plus loin, Chrétien énumère les œuvres qu'il a déjà composées. Cette courte préface forme tout ce qu'il a jamais raconté de sa biographie littéraire : la voici :

> Cil qui fit d'Erec et d'Enide,
> Et les commandemens d'Ovide,
> Et l'ars d'Amors en romans mist,
> Et le mors de l'espaulle fist,
> Del roi Marc et d'Iselt la blonde,
> Et de la Hupe et de l'Aronde,
> Et del Rossignol la muance,
> Un autre conte recommance.

Le roman d'Erec et d'Enide renferme environ 6,600 vers (1). L'auteur dès le début s'y nomme Crestiens de Troyes : il dit qu'il emprunte son récit à un conte dont la mémoire vivra tant que durera la chrétienté. Erec fils de Lancelot du Lac, ou de Lac roi d'Outre-Galles vient d'épouser la belle Enide, fille d'un simple vavasseur. Il oublie dans les délices du lit conjugal ses devoirs de chevalier. Des reproches sévères mais justes réveillent sa valeur. Il s'arme et se met en campagne. Il emmène sa jeune épouse, et la fait cheminer devant lui. Viennent alors de nombreuses aventures dans lesquelles l'honneur d'Enide et la vie d'Erec sont mis en danger : mais la valeur du héros triomphe continuellement. A la fin on apprend la mort de Lac : Erec lui succède. C'est en Angleterre que se passe l'action. Artus et sa femme la belle et tendre Genièvre y figurent. C'est Artus qui au dénoûment couronne Erec. Comme on le voit dès son premier ouvrage Chrestien paye le tribut aux affections capricieuses de son temps.

Dans ce court poème se révèlent déjà tous les mérites de l'auteur ; on y trouve élégance et clarté de style, netteté de la pensée, habile construction du drame. Il a d'ailleurs tous les caractères des romans de chevalerie. Le merveilleux s'y mêle à ce qui rigoureusement

---

(1) V. m^{it} de la bibl. nat. — Fonds cangé : n° 27, olim 69. Fol. 140. — N° 75. fol. 1. — Ancien fonds n° 7535-5. — n° 6987. — V. P. Paris. manuscrits français. t. 5. p. 219. — France littéraire t. xv. p 197.

est possible. L'hospitalité perfide, la forfanterie et les coups de lance y jouent un grand rôle.

A la même époque, Chrétien, ainsi qu'il nous l'apprend, traduisait Ovide. L'art d'aimer séduisit sa jeunesse, et, comme bien d'autres poètes, il lui donna la fleur de sa vie d'écrivain. Il dut entreprendre aussi de traduire les métamorphoses. La fable de Tantale qui servit aux dieux l'épaule de son fils, et la triste histoire de Philomèle et de Progné, exercèrent sa plume facile et complaisante. Ces diverses translations sont aujourd'hui perdues. Du moins, parmi les nombreuses traductions d'Ovide faites dans les premiers âges de la littérature française, il n'en est aucune qu'on puisse, à coup sûr, attribuer à Chrétien de Troyes.

Son roman du Roi Marc et d'Iselt la blonde eut le même sort. Cette fois, il traitait un sujet connu de tous, compris et goûté plus de quatre siècles après celui qui le vit naître. Tristan, fils de Meliadus de Léonois, descend de Bront, neveu de Joseph d'Arimathie : il va demander, pour Marc son oncle, roi de Cournailles, la main d'Iselt. On lui remet la belle jeune fille aux longs cheveux. Le même vaisseau les ramène en Angleterre: mais en route tous deux boivent un philtre qui les contraint à s'aimer. Cet amour fatal et passionné, ses beaux jours et ses malheurs forment le fond du roman. A la fin, Marc venge son lit nuptial déshonoré en donnant la mort à Tristan. Ce poëme ne se rattache à la légende du Saint Graal que parce qu'on y voit figurer les héros de la cour d'Artus, et qu'on y fait de nombreuses allusions à la conquête de la mystérieuse relique. Son invention est donc postérieure à celle des romans du Saint Graal et de Lancelot. On remarque de plus que Tristan n'est jamais nommé dans ces romans. C'était donc, lors de leur apparition, un personnage non créé, sans importance, ou renfermé dans quelques poésies armoricaines inexploitées. C'est Luces de Gast qui le premier mit en honneur cette légende, soit en traduisant un texte plus ancien, soit en laissant courir sa plume au gré de son imagination. Il n'acheva pas son œuvre : Hélye de Boron la termina. Plus tard, Chrétien de Troyes mit en vers ce qu'ils avaient écrit en prose. Fut-il le premier qui rima ce récit ? A cette question que répondre ? Son œuvre est perdue. On a dit que son poëme fut dédié à Philippe, comte de Flandres, et qu'il dût être écrit avant 1173, parce que Raimbaud, comte d'Orange et troubadour, parle dans ses poésies de Tristan et d'Iselt. M. De la Rue donne l'année 1170 pour celle où Chrétien publia son poëme. Nous n'avons de motifs sérieux ni pour appuyer ni pour contester ces dates. Bien d'autres que Chrétien de Troyes ont célébré les amours de Tristan dans des poèmes de longue haleine. On les a chantés dans toutes les langues. Ils furent racontés en prose française dès le xiie siècle. M. F. Michel, dans le curieux ouvrage qu'il consacre à Tristan, publie en tout ou partie plusieurs poèmes différents composés en son honneur et dont les auteurs sont inconnus. Ils peuvent dater du xiie siècle et avoir inspiré le comte d'Orange.

L'un de ces fragments, emprunté à un manuscrit de la bibliothèque nationale (1) parait à M. Renouard l'œuvre de Chrétien de Troyes (2). M. F. Michel le croit écrit par un Anglo-normand qui s'appellerait Berox. Ce nom se trouve deux fois dans les vers en question ; celui de Chrétien ne s'y voit pas. D'ailleurs comment reconnaitre un auteur à son style, à son orthographe, quand il s'agit d'un texte évidemment altéré par un copiste mal habile et ignorant. Si le roman de Chrétien est perdu, consolons-nous, en songeant que le sujet qu'il a traité est conservé dans de nombreux manuscrits (3). Pendant un siècle la presse n'a cessé de reproduire sous des titres divers le récit des amours de Tristan et d'Iselt la blonde (4).

Chrétien après avoir énuméré ses premières œuvres commence le roman de Cligès : il déclare qu'il en tire le sujet d'un manuscrit trouvé dans l'aumaire de Monseigneur Saint-Paul, à Beauvais.

> De là fu li contes estraie,
> Que tesmoigne l'estoire à voire :
> Pour ce fait il melz à croire.
> Par les livres que nos avons,
> Les fais des anciens savons
> Et del siècle qui tu jadis.
> Ce nous ont nostre livre apris,
> Qu'en Gresse ot de cevalerie
> Li premier los et de clergie.
> Puis vint cevalerie à Rome
> Et de la clergie la some,
> Qui or est en France venue.
> Dex doint qu'elle soit retenue
> Et que li lius li abelisse
> Tant que jamais de France n'isse !.. (5).

---

(1) N° 759 fonds Baluze, et n° 7,989-5 du catalogue des m[ts] de la Bibl. nat.
(2) Journal des savants, cahier d'octobre 1820, p. 611.
(3) Voyez à la bibl. nat. les n°s 6,768, 6,773, 6,957 et 7,155.
(4) V. pour tout ce qui concerne Tristan le curieux ouvrage de M. F. Michel, intitulé Tristan : recueil de ce qui reste des poèmes relatifs à ses aventures. Paris, 1835.
(5) France littéraire, t. xv. p. 209. — V. à la bibliothèque nationale le M[it] n° 6,987. fol. 267 — et le n° 1147. fonds du cardinal Mazarin. — Fonds Cangé : n° 27. olim 69. 7555 : 8. — id, n° 75 (olim V. 2. 600.

Ginguené a cru que ce prologue renfermait une date approximative : au quatorzième vers il a lu Li Luis au lieu de li lius, et il a pensé que ces deux mots désignaient Louis VII, sous lequel Chrétien fit ses premières armes. Ce prince mourut en 1180. Sous son règne, il est vrai, naquit la littérature française : les colléges se multiplièrent; les couvents, les chapitres s'occupèrent avec une nouvelle ardeur de l'éducation publique. Le prince avait accompli le vœu du poète : mais nous croyons que le poète n'a pas nommé le prince. La locution li Luis n'aurait rien que d'inconvenant. Elle jurerait avec le style poli de Chrétien et les usages du temps. Nous adoptons la version de M. Leroux de Lincy (1).

Le poème de Cligès renferme de 6 à 7,000 vers : en voici le résumé. Alexandre, empereur de Grèce, a deux fils : le plus jeune se nomme Atis. L'aîné appelé Alexandre aime mieux aller se faire armer chevalier à la cour d'Artus que de monter sur le trône de son père. Il passe les mers, se couvre de gloire et épouse Sœur d'Amour : elle est nièce d'Artus, et le célèbre Gauvain est son frère. De ce mariage vint Cligès le héros du roman. L'empereur Alexandre meurt et Atis, son fils cadet, usurpe la couronne ; mais il s'empresse de la rendre à son légitime possesseur. Bientôt Alexandre II. quitte le monde à son tour, et fait place à son fils. Atis a épousé Fenice, fille du duc de Saxe. La jeune princesse aimait tendrement Cligès : pour ne pas sacrifier à Atis les trésors de sa virginité, elle lui fait boire un philtre qui donne au nouvel époux les illusions les plus trompeuses sur la première nuit de ses noces. Il prend des rêves pour la réalité, et Fenice est sauvée. Cependant, Cligès abandonne l'empire pour aller, comme son père, mériter l'honneur d'être armé chevalier par Artus. Il y réussit, et revient en Grèce déposer son cœur et ses lauriers aux pieds de sa dame. Les amants sont bientôt d'accord. Mais comment enlever Fenice du palais impérial ? Un breuvage magique l'assoupit. Elle passe pour morte. Après avoir vaincu mille difficultés, elle rejoint Cligès. Tous deux s'étaient retirés dans un château, ils y trouvaient le bonheur déjà depuis deux ans, quand un chevalier de la cour d'Atis, les découvre et les dénonce. Prévenus à temps ils se réfugient à la cour hospitalière d'Artus. Ce prince donne une flotte à Cligès ; il va partir pour aller détrôner son oncle, quand on apprend la mort de ce prince. Cligès est proclamé empereur.

---

(1) Roman de Brut : préface. p. 29.

Ce roman ne se lie encore aux légendes Bretonnes que par des circonstances accidentelles : il n'en est pas de même de celui du Chevalier au Lion dont Fauchet constata le premier l'existence un jour qu'il en arracha quelques feuillets aux ciseaux d'un relieur (1). Son sujet n'a rien de commun avec le Saint Graal ; mais ses principaux personnages sont chevaliers de la Table ronde et l'action toute entière se passe dans les contrées soumises à Artus. Ce poème qui compte près de 7,800 vers a été attribué à Me Wace (2). On aurait évité cette erreur, si on eut fait attention aux derniers vers qui renferment le nom de Crestien de Troyes. Pierre Sala s'est emparé de ce poème et se l'est attribué en y ajoutant quelques vers (3). Ce roman est désigné sous le titre des Auctoritez du chevalier au Lion, dans les catalogues des bibliothèques royales du XVe siècle (4). Au début la scène se passe à la cour d'Artus : un chevalier parle d'une fontaine enchantée, auprès de laquelle de terribles dangers attendent les preux assez hardis pour aller les chercher. Chacun veut y aller : Artus lui-même tentera l'aventure. L'intrépide Yvain devance tous ses rivaux, tue le chevalier qui défendait la fontaine et s'empare de son château : mais il y est fait prisonnier. Une jeune fille vient à son secours et lui fait épouser la veuve du châtelain. Cependant Artus et ses compagnons arrivent. Kès le sénéchal, le frère du roi, le mauvais plaisant de la cour, signale l'absence d'Yvain et le raille sans pitié. Artus a puisé de l'eau à la fontaine et l'a répandue sur le sol : c'est le signal du défi. Yvain caché sous ses armes parait. Kès sollicite l'honneur de le combattre : il est vaincu par Yvain qui se fait connaître. Artus donne un tournoi : Yvain s'y rend après avoir promis à sa femme fidélité et retour : mais il oublie ses serments et après un an d'absence la châtelaine irritée lui fait enlever l'anneau qu'elle lui a donné. Yvain devient fou de désespoir : trois jeunes filles le guérissent à l'aide d'un breuvage mystérieux. Après diverses aventures il délivre un lion qu'un serpent allait étouffer : l'animal reconnaissant ne quitte plus son libérateur et l'aide à triompher de ses ennemis. On ne parlait plus que du Chevalier au lion. Un jour il se présente à la fontaine périlleuse : mais il n'y a plus personne pour la défendre. La châtelaine consent à en confier la garde au Chevalier au lion.

---

(1) V. m^{it} bibl. nat. n° 29 olim 69, fonds Cangé. Ancien fonds n° 7,553-5 : fol. 207. Verso, col. 2. — Fonds Cangé n° 73. Id. supplém. franc. n° 180.

(2) Mem. de l'Acad. des inscript. t. 2, p. 750.

(3) P. Paris. m^{it} français : t. v, p. 91.

(4) V. bibl. protypo. du fils du roi Jean. Barrois. Paris, 1830, n° 1556 et 1807.

Bientôt elle reconnait son époux et lui pardonne. Comme on le voit, dans ce roman figurent aussi les chevaliers de la Table ronde; mais la quête du Saint Graal n'y entre encore pour rien.

Au contraire, le roman de Guillaume d'Angleterre est sans rapport avec les légendes Bretonnes (1). Néanmoins l'auteur voudrait faire supposer qu'il est tiré des chroniques Anglo-normandes ; mais malheureusement le roi Guillaume, dont il chante les aventures, ne peut être ni Guillaume le Conquérant, ni son fils Guillaume le Roux. C'est donc un poëme de pure imagination : Chrétien avoue du reste qu'il se borne à mettre en vers le récit d'un de ses compagnons nommé Roger. Voici l'analyse de cette épopée, qui compte environ 3,300 rimes : — Guillaume, roi d'Angleterre, a des visions ; elles lui ordonnent de descendre du trône et d'aller en exil. Il obéit, distribue ses trésors aux pauvres et aux moines, emmène avec lui sa femme Gratienne, alors enceinte, et disparaît pendant la nuit. Bientôt Gratienne est surprise par les douleurs de l'enfantement ; arrivée aux bords de la mer, elle accouche de deux fils jumeaux. Des marchands l'enlèvent : un autre bâtiment ravit les deux jeunes princes, et le Roi reste seul. Un traficant le prend à son service, lui confie d'abord la gestion de ses affaires : puis satisfait de son zèle et de sa capacité, il l'aide à faire sa fortune. Un apôtre des idées nouvelles n'aurait rien inventé de mieux. Cependant les fils de l'ancien monarque ont été élevés par un négociant qui veut leur apprendre sa profession. Ils refusent, quittent leur père adoptif, embrassent la carrière des armes, et vont s'enrôler sous les drapeaux du roi de Catanasse. De son côté, la reine Gratienne, encore jeune et belle, a pris le parti d'épouser un vieux seigneur pour se mettre à l'abri de toutes les requêtes amoureuses qui l'assiégeaient. Le hasard et une tempête jettent Guillaume d'Angleterre sur le domaine de Gratienne. Elle l'accueille avec bienveillance et finit par le reconnaître. Dès-lors l'auteur ne s'inquiète plus du second mari, qui gènerait le dénouement. Guillaume va à la chasse et tombe entre les mains des officiers du roi de Catanasse. Le lecteur a deviné qu'il se trouve prisonnier de ses deux fils : il est délivré et bientôt sa femme et les deux jeunes princes s'embarquent pour l'Angleterre. Un de ses neveux l'avait remplacé : ce loyal parent

---

(1) V. m^{it} de la bibl. nat. n° 6987. fol. 240. v° col. 2. — Bibl. du cardinal Mazarin. N° 4447. — France littéraire. t. xv.

s'empresse de lui rendre le trône. Le vieux Roi le reprend et fait le bonheur de son peuple. Ce singulier sujet n'a rien d'historique.

Parmi les romans de la Table ronde, il faut admettre celui du Chevalier à l'épée. On en a fait honneur à notre poète tant que personne ne prit la peine de le lire sérieusement. Son auteur commence par dire qu'il s'étonne de ce que Chrétien, qui tant de fois a célébré les chevaliers de la cour d'Artus, n'ait pas raconté les aventures de son héros (1). Il s'empresse de réparer son oubli. Que la légende du Chevalier à l'épée ne figure donc plus parmi les compositions de Chretien : il est assez riche pour n'avoir pas besoin des plumes du paon.

Il nous reste à citer deux épopées célèbres qui lui appartiennent, celle de Perceval le Gallois ou du Saint Graal, et celle du Chevalier de la Charrette que nous éditons. Le double titre de la première a fait supposer longtemps que son sujet avait fourni à Chrétien deux œuvres distinctes. Il est vrai qu'il existe un poème du Saint Graal, mais il est sans rapport avec celui que nous allons analyser. Son auteur ne s'y fait pas connaître (2); mais son style ne permet pas de l'attribuer à notre poète. Ce serait lui faire injure.

D'un autre coté, on crut pouvoir disputer à Chrétien l'honneur d'avoir composé le roman de Perceval le Gallois, et on l'attribua à Raoul de Beauvais (3). C'est encore une de ces erreurs qui tombent à la simple lecture du texte. Chretien se nomme plusieurs fois dans les premiers vers ; il dit positivement qu'il travaille pour Philippe, comte de Flandres. Ce prince, ainsi que nous l'apprend le poète, lui remit lui-même l'histoire de Perceval en prose, pour qu'elle fût mise en rimes françoises et récitée à la cour des rois. Chrétien s'empressa d'obéir. Le comte de Flandres, né en 1153, comte de Vermandois du chef de sa femme Elisabeth, protégeait les lettres et fut loué par tous les auteurs contemporains. Leur estime pour son mérite était heureusement justifiée par ses grandes qualités. On a conservé des chartes rédigées en son nom, qui signalent et ses connaissances administratives et ses efforts pour rendre ses sujets heureux. Il passa la mer en 1177, et revint d'Orient en 1178. Vers 1190, il suivit Philippe Auguste dans sa croisade, et mourut, en 1191, sous les murs de St-Jean d'Acre. En 1180,

---

(1) Mémoire de l'Acad. des inscrip. t. 2, in-12. page 649.
(2) France littéraire t. XIX. page 704.
(3) Fonds S. Germain des prés n° 2740. in-8°. — France littéraire. t. XV. page 244.

il avait marié à l'intrépide roi de France Philippe Auguste, sa nièce Isabelle de Hainaut : ce serait donc probablement de 1180 à 1190 que Chrétien aurait écrit le roman de Perceval. Il travailla d'après le texte de Luces de Gast, qui traduisit du latin en français ce fragment capital des légendes de la Table ronde. L'œuvre du translateur a péri : celle du poète fut plus heureuse (1).

Perceval est fils d'un chevalier du pays de Galles. Son père et ses frères sont morts dans les tournois. Aussi, sa mère ne veut-elle pas qu'il sache ce que c'est que chevalerie : elle l'emmène dès sa plus tendre jeunesse au fonds des forêts. Perceval a grandi : il rencontre deux paladins, qui lui enseignent les secrets et les règles de leur noble profession. Le jeune homme abandonne sa mère, se fait recevoir chevalier, et choisit pour dame par amour l'illustre Blanchefleur. Dans le cours de sa vie errante, il arrive chez le Roi Pêcheur : ce prince devait ce surnom à son goût pour la pêche. Perceval remarque dans son palais une lance miraculeuse, et de plus un plat singulier et précieux. Il quitte son hôte, devient le compagnon de voyage du sage Gauvain, le neveu d'Artus, et se lie d'amitié avec lui. Devant eux les aventures se multiplient et se croisent. Enfin, ils se présentent chez un ermite qui n'est autre que l'oncle maternel de Perceval. Il lui apprend que le plat du Roi Pêcheur est le Saint Graal, que tant d'intrépides chevaliers cherchent à conquérir. Perceval éprouve mille difficultés à revenir chez le possesseur de la sainte relique. Enfin, il retrouve le Roi Pêcheur, qui par bonheur est aussi son oncle, le délivre de ses ennemis et lui succède. Le voilà maître du Saint Graal. La grâce divine le touche : il renonce au monde, se fait ermite et emporte dans sa cellule le vase divin. Il achève sa vie dans la retraite et la prière. Le jour de sa mort, le Saint Graal monte aux cieux, et depuis on ne l'a plus vu sur la terre. Perceval est inhumé près du Roi Pêcheur : de magnifiques tombeaux couvrent leurs restes mortels.

Après ce dénouement, les romans de la Table ronde n'ont plus de prétexte. Leur mission doit se borner à nous apprendre ce que devient chacun des poursuivants du Saint Graal, ou les diverses phases de leur existence vagabonde. Comme on le voit, tous ces poèmes sont empreints d'un cachet à la fois mystique et merveilleux. L'élément religieux s'y mêle aux traditions historiques, aux féeries les plus

---

(1) V. m^{it} de la bibl. de l'arsenal. — M^{it} de la bibl. nat. fonds cangé n° 27 et 75. — V. le 4e vol. de la bibl. des romans un extrait de ce poème fait sur une version en prose du XVe siècle. 1er vol. Avril 1776.

orientales. L'amour, la prière, les combats y marchent de front. Les vertus chrétiennes s'y rencontrent avec les vices et les passions brutales si chères aux payens. Aussi, l'épopée de Perceval termine-t-elle dignement l'inépuisable légende de la Table ronde et du Saint Graal.

Ce poème compte plus de 20,000 vers. Mais il n'appartient pas tout entier à Chrétien de Troyes. La première partie est à lui. Gautier de Denet, dont nous ignorons l'histoire, y ajouta quelques aventures. La fin est l'œuvre d'un trouvère nommé Menessier (1), il nous apprend qu'il travaillait

> El non de Jehanne la comtesse,
> Qui est de Flandres dame et maitresse.

Philippe d'Alsace avait eu pour héritier le célèbre Baudouin depuis empereur de Constantinople. Celui-ci mourut en 1206 après avoir eu de Marie de Champagne deux filles. Jeanne l'ainée lui succéda. Vers 1211 elle épousa le malheureux Ferrand de Portugal, fait trois ans après prisonnier à Bouvines. Sa captivité dura de 1214 à 1226. Pendant ce temps Jeanne régna seule. Elle tint encore les rênes du gouvernement quand elle devint veuve en 1233. En 1244 elle se retira dans l'abbaye de Marquette fondée par elle. Ce fut sans doute postérieurement à 1214 que Menessier son protégé termina la quête du Saint Graal.

Geoffroy de Montmouth n'avait rien dit du saint reliquaire. Gautier Map et surtout Hélie de Borron le firent connaître. Dès lors, son histoire devint si populaire que son existence ne fut plus contestée. Plus d'une église prétendit le posséder dans son trésor. Les copies du roman de Perceval se multiplièrent : on le trouva dans toutes les anciennes bibliothèques princières. Comme plusieurs autres romans de la Table ronde, il fut mis en prose dans le XVe siècle : on l'a publié à Paris en 1530.

Le poème du Chevalier de la Charette est moins populaire : il n'en serait pas de même, si au lieu de porter un nom mystérieux il eût pris celui de son véritable héros, Lancelot du Lac. Aucun preux ne jouit à un plus haut titre de l'affection publique. Sa valeur, sa constance, ses infortunes en ont fait le type des chevaliers de la Table ronde. Ses aventures forment une longue légende divisée en plusieurs branches, et composée par divers auteurs. Nous n'essaie-

---

(1) Sans rien préjuger sur la patrie de ce poète, constatons que son nom est celui d'une famille qui florissait à Reims dans les 13e et 14 siècles. En 1326, Gerart Menessier ou Manessier était lieutenant des habitants.

rons pas d'en faire l'analyse complète et nous n'en dirons ici que ce qui est nécessaire à l'intelligence de notre publication. C'est toujours à la rédaction de Gautier Map qu'il faut remonter pour trouver l'origine de cette histoire.

Lancelot, fils du Roi Ban de Benoit, neveu de Bohort, roi de Gannes, descend du prophète David. Dès sa naissance sa mère l'a exposé sur les bords d'un lac : mais Vivianne, fée aussi bonne que belle, le recueille et l'emmène au fond des eaux. Là, sous le crystal des ondes s'élève un magnifique palais où le jeune prince reçoit une éducation brillante et chevaleresque. Il remonte sur la terre et bientôt il prend part à toutes les joies, à toutes les misères de la vie. Lancelot, reçu chevalier, figure avec éclat à la cour d'Artus, roi de Logres. Il fait partie des compagnons de la Table ronde, et comme eux travaille à conquérir le Saint Graal. Mais nous l'avons vu, l'honneur de le trouver ne lui est pas réservé. Son rôle dans ce monde est d'aimer et de combattre.

Artus a épousé Ganièvre, la plus belle princesse du temps. Cette jeune Reine a le cœur tendre : éprise d'amour pour Mordret neveu d'Artus, elle abandonne son mari pour s'attacher à son amant. Le Roi lui pardonne ; mais les charmes de Ganièvre ne devaient pas rester impuissants. A leur aspect, Lancelot aussi perd la tête et oublie une jeune veuve, la dame de Malehaut qui l'adore. Galehaut ami du modèle des preux vient à son secours, le met à l'abri des importunités de sa première maîtresse et lui procure une entrevue avec la reine. Ganièvre est aussi sensible qu'aimable. Elle ne sait se défendre, quand elle voit à ses pieds le premier chevalier du monde et lui donne un baiser (1). Il faut l'avouer, la reine n'était pas sans coquetterie, et les poètes postérieurs à Chretien de Troyes ont souvent abusé de cette donnée pour prêter à Ganièvre des mœurs un peu trop faciles. aussi Rusticien de Pise, lorsqu'il entreprit vers la fin du XIIIe siècle de résumer en prose les aventures des chevaliers de la Table ronde, et notamment celles de Lancelot, se crut-il obligé de jeter un voile sur ses amours avec Ganièvre pour mettre un terme aux suppositions scandaleuses des trouvères. Méléagans, fils de Baudemagus, roi de Gorre, n'a pu voir la reine sans l'aimer : mais elle ne répond pas à ses galanteries : et reste fidèle à Lancelot. Artus aime avec passion cette femme qui le trompe. Son affection l'aveugle; il ne voit rien et ne devine rien.

---

(1) Dans quelques manuscrits, la première partie du roman de Lancelot porte le nom de Galehaut, quoique ce chevalier n'y joue qu'un rôle secondaire.

XXII

Au début du roman de la Charrette nous sommes à la cour de ce prince (1). Méléagans s'y présente et défie le Roi d'envoyer la Reine faire une promenade dans la forêt voisine sous la garde d'un de ses chevaliers. Le sénéchal du palais, le frère nourricier d'Artus, Kès obtient la faveur de répondre à cette impertinente provocation. Mais bientôt il est vaincu : Ganièvre est prisonnière de Méléagans, qui l'emmène au royaume de Gorre.

Dans les romans de la Table ronde, Kès joue le rôle de bouffon : les aventures ridicules lui sont souvent réservées : Gauvain au contraire, est un modèle de sagesse et de bravoure. C'est le meilleur conseiller de son oncle Artus. D'après son avis, on s'est mis à la poursuite de Méléagans : mais il est trop tard. Avant tous les autres un chevalier s'est élancé sur les traces du ravisseur. Il se trouve sans cheval et ne peut avancer Un nain, qui conduit une charrette, lui offre une place près de lui. Alors cette espèce de voiture faisait partie des instruments de supplice : Les coupables étaient attachés soit à son extrémité, soit à un poteau élevé dans son intérieur. On les trainait ainsi à la mort après leur avoir fait subir l'infamie d'une exposition ambulante. C'était donc une honte que d'être transporté dans une charrette. Le chevalier la brave sans hésiter et pour obtenir du nain des renseignements sur la route suivie par la reine, et pour arriver plus tôt à la rejoindre. Cet ami dévoué n'est autre que Lancelot. Gauvain, son fidèle compagnon d'armes, qu'il a délivré dans d'autres circonstances, le retrouve et voyage avec lui, mais sur son cheval. Nous n'analyserons pas le roman plus loin. Que le lecteur apprenne seulement que Lancelot finit par délivrer la reine : il la venge en tuant Méléagans. Le poème finit là ; ce n'est qu'un épisode dans la vie aventureuse de son héros. Il est probable qu'il ne faisait pas partie des récits primitifs de la Table ronde. Dans l'histoire complète de Lancelot, on le voit captif dans le château de la Charrette. Peut-être Chrétien de Troyes s'empara-t-il de ce nom pour en tirer un parti neuf et imprévu. On a dit que Lancelot s'appelait le chevalier de la Charrette, parce que sa mère était accouchée dans une voiture de ce genre (2). On sait maintenant d'où lui vint cet étrange surnom.

---

(1) V : M^{it} de la bibl. nat : n° 73. Fonds Cangé (Olim, y. 11 ; 600).
Biblio : protyp : Barrois. Paris 1830 : n° 148. de Méléagans, de Lancelot et de Tristan, en prose.

(2) Bibl. des romans. 1. vol. octobre 1776, page 82.

Ses amours ne l'ont pas empêché de prendre à la quête du saint Graal une part active et glorieuse, mais sans résultat. Quand on eut chanté la découverte de la sainte relique, il fallut bien raconter la fin de chacun des héros de la Table ronde : Lancelot, suivant les uns, succède à son père et meurt assassiné par le duc de Bellegarde. Suivant les autres, il se retire dans un hermitage et termine une vie pleine d'agitation dans la solitude et la prière. Ganièvre entre dans un monastère et expie sa conduite par son repentir et ses larmes. Artus, le demi-dieu de la Bretagne, s'embarque pour l'île d'Avallon : depuis on ne l'a plus revu et on l'attend toujours.

Tels sont en résumé les faits que Gautier Map. déclare raconter pour l'instruction des jeunes chevaliers et des damoiselles La poésie porta jusqu'aux nues les chevaliers de la Table ronde. Pendant plus de trois siècles ils marchèrent de pair avec Hercules, Alexandre et César. Rabelais fut un des premiers à les tourner en ridicule (1) ; Cervantes les discrédita ; les littérateurs des XVIIe siècle les condamnèrent à l'oubli. Ils ne méritaient ni tant de vénération, ni tant de dédain. Leur histoire résume celle du siècle qui la vit écrire : elle doit toujours plaire dans un pays où le courage, l'esprit et l'amour n'ont cessé d'avoir des autels.

On regarde généralement le poème du chevalier de la Charrete comme le dernier ouvrage de Chretien de Troyes. A l'appui de cette opinion on fait remarquer qu'il ne l'acheva pas : on ajoute qu'après sa mort Godefroy de Lagny le termina. Il fallait se rappeler d'abord que le roman de Perceval est dans le même cas. De plus le poète, qui mit à fin le récit qui va suivre, déclare qu'il ne s'est donné cette licence que du consentement de Chretien : c'est celui-ci qui l'en a prié. Mais rien ne prouve que Chretien lui ait confié ce soin à son lit de mort: d'autres études, d'autres occupations ont pu contraindre notre auteur à laisser de côté un travail qu'il n'aura pu reprendre.

On avance aussi que ce poème fut composé vers 1190 et que Chrétien mourut la même année (2). D'un autre coté Grosley pense que le Chevalier de la Charrette fut écrit vers 1199 (3). Le poète

---

(1) Liv. 2, ch. XXX.
(2) France littéraire, p. 255.
(3) Mémoire sur les troyens célèbres, t. 1er. Paris 1812.

déclare que son sujet lui est indiqué par sa Dame de Champagne. On a cru qu'il s'agissait de Marie de Champagne, femme de Beaudouin de Haynaut, comte de Flandres après Philippe d'Alsace mort en 1191. Cette princesse ne s'unit à Beaudouin que vers l'an 1200. Elle suivit son époux en Orient et mourut en 1203 à Ptolémaïs. Remarquons d'abord qu'elle ne vécut pas à la cour de Flandres du temps du comte Philippe protecteur de Chretien : de plus elle ne porta jamais le titre de Dame de Champagne. Chrétien n'aurait pas osé le lui donner, surtout lorsqu'une autre y avait droit. Cette princesse était fille de Henry 1er comte de Champagne et de Marie de France. Cette dernière fut réellement Dame de Champagne, et en 1181 elle était veuve. Elle fut régente pendant la minorité de son fils Henri II. A cette époque Philippe d'Alsace, comte de Flandres, parvint à l'entraîner dans ses complots contre Philippe Auguste. Il songea même à contracter mariage avec elle et à réunir ainsi sous son sceptre la Champagne, la Brie, la Picardie, le Vermandois et la Flandres. Déjà les dispenses nécessaires pour cause de parenté à la cour demandées en cour de Rome : mais le comte de Flandres se rapprocha du roi de France. Il dut renoncer aux rêves caressés par son ambition. La veuve du comte Henry n'est elle pas celle à qui veut plaire le protégé de Philippe d'Alsace ? Remarquons encore que son fils Henry de Champagne, IIe du nom, partit pour la croisade de 1191 sans être marié, que ce fut en Orient seulement qu'il épousa Isabelle reine de Jérusalem, que cette princesse ne vint jamais en France et qu'elle y était inconnue. Pendant l'absence d'Henry II, sa mère reprit les rênes du gouvernement. Ce prince périt en Orient vers 1197 : sa mère ne lui survécut que d'un an, et en 1198, Thibaud V, son frère, lui succéda. En 1199 il s'alliait à Blanche de Navarre et mourait peu après son mariage (1201-1202). Il laissa sa femme enceinte. Elle mit au monde le célèbre Thibault roi de de Navarre, dit le posthume et fut régente à son tour: et lorsqu'en 1229 le Seigneur la rappela de cette terre, où elle n'avait fait que du bien, elle fut pleurée par le peuple. Six siècles ont depuis passé sur sa tombe et la mémoire de la comtesse Blanche est encore bénie et respectée.

C'est entre ces deux femmes qu'il faut choisir : si nous n'écoutions que nos sympathies, notre choix ne serait pas douteux : nous aimerions à voir la mère d'un enfant qui sera poète bientôt, applaudir aux derniers chants d'un vieux trouvère Champenois. Mais à cette époque, Chrétien avait peut-être déjà vu 60 fois revenir les neiges d'hyver. Son imagination ne devait plus avoir la fraicheur, la délicatesse, le feu, la grâce qu'on remarque encore dans notre poème. Il faut donc nous reporter à une époque moins avancée de sa vie. Il travailla pour Marie de France, la fille de Louis VII, la sœur de Philippe-Auguste, l'alliée du comte de Flandres. Il écrivit notre roman probablement de 1181 à 1191.

Pourquoi ne l'a-t-il pas lui même terminé? nous l'ignorons : mais il dut se féliciter d'avoir pu trouver pour collaborateur, un ami, un compatriote peut-être, Godefroy de Laigny (1). Fauchet, le premier qui ait fait quelques recherches sur nos vieux poètes, n'a pas dit que ce dernier fût enfant de la Champagne (2) : sa liaison avec Chrétien peut le faire supposer. Il florissait à la fin du 12e siècle et portait le titre de clerc. C'est tout ce que nous savons de lui : il nous l'apprend dans un des derniers vers de notre récit. Le texte que nous éditons le nomme Godefroy de Lamer (3) : mais cette version est unique. Nous l'avons reproduite par respect pour notre manuscrit. D'ailleurs elle peut mettre sur la voie de découvertes qui nous échappent. Jusqu'à présent Godefroy n'est connu dans la famille des gens de lettres que pour avoir conduit au port le roman du Chevalier de la Charette. Mais aussi convenons que Chrétien avait bien su choisir son continuateur. Sans les derniers vers du poème, on aurait peine à savoir où finit le travail de l'un, où commence celui de l'autre. Du début au dénouement, le style est le même, la pensée conserve sa finesse, la phrase son élégance, le drame sa marche aisée et directe. Ce fut sans doute avec les notes et les conseils de Chrétien que Godefroy travailla. Il fut à la hauteur de son entreprise, et justifia le choix de son ami. Leurs noms sont maintenant inséparables et la gloire de Chrétien éclaire de ses reflets le nom de Godefroy de Laigny.

Chrétien fut-il clerc, comme son compagnon de route littéraire? toucha-t-il en cette qualité les revenus d'un bénéfice? qu'y a-t-il là d'impossible? mais on s'est demandé s'il n'entra pas dans les ordres sacrés ou dans un monastère. Cette supposition n'a pu venir à la lecture de ses œuvres : elle prend sa source dans une phrase du président Fauchet (4). En parlant de Chrétien et de Raoul de Houdan, il leur donne le titre de bons pères. On a pensé que cette locution se trouvait aussi dans un passage où le grammairien Geoffroy Thory de Bourges

---

(1) Le nom de Ligny, Lagny, Laigny appartenait à plus de 12 localités, parmi lesquelles nous citerons Lagny, près Meaux, dans la Brie française, Lagny-le-Sec dans la Brie Champenoise, et Ligny dans le diocèse de Langres, fief des comtes de Champagne, depuis centre d'un comté qui passa dans les maisons de Bar et de Luxembourg.

(2) V. œuvres de Fauchet, édition de Paris, 1610, p. 560.

(3) Supplément françois n° 210. Lamer doit être là pour Lanier: ce dernier nom probablement n'est autre que celui de Lagny mal reproduit.

(4) V. œuvres de Fauchet. Paris 1610. p. 554 à 560.

cite notre poète comme un modèle de style ; mais il n'en est rien (1). Ajoutons que Fauchet nomme aussi bons pères divers poètes du même temps, tels que Alexandre de Paris, Jean le Nevelois et autres auteurs du célèbre poème d'Alexandre le Grand. Peut-être veut-il seulement faire preuve d'affection et de respect pour les pères de la littérature française. La vie de Chrétien de Troyes était un mystère : nous avons le chagrin de la laisser ce qu'elle était. L'histoire n'a pas même jeté un rayon de lumière sur le lit de mort du poète. Sa dernière heure comme son premier jour se trouvent sans date.

Huon de Méry, dans son poème du Tournoiement de l'Antéchrist, composé vers 1228 (2), fait l'éloge de Chrétien ; il en parle comme d'un homme qui n'existe plus. D'autres le font mourir en 1190, 1191 (3). Grosley incline pour la date de 1199. Ginguené, s'appuyant sur les notes laissées par les premiers auteurs de la France littéraire, propose de placer la mort de Chrétien entre 1195 et 1198 (4). Il aurait dû publier, ou au moins analyser, les documents qu'il avait sous les yeux. Ils serviraient utilement à soutenir une opinion à laquelle on doit se rattacher. D'ailleurs, rien ne prouve que Chrétien ait vu l'aurore du douzième siècle. Il dut s'éteindre alors que la rivalité de Richard Cœur de lion et de Philippe Auguste troublait le monde et ensanglantait la France. Les guerres d'Orient avaient ranimé l'esprit belliqueux de la vieille Europe, la chevalerie avait fait vibrer toutes les cordes de la bravoure guerrière. Les chants des trouvères avaient achevé l'œuvre du réveil social en illustrant le nom des preux, en les mettant aux pieds de la beauté. La poésie flétrissait la lâcheté, la trahison, toutes les passions brutales ; elle exaltait les vertus généreuses, les actions héroïques ; elle polissait les mœurs, répandait les lumières, facilitait la marche des sciences et applaudissait à leurs succès. Dans cette croisade contre la barbarie

---

(1) Le champ fleury etc. Geoffroy Thory. Paris 1529. Fo 3 et 4.
(2) Car tel matière ai pourpensée,
Qu'onques mès n'ot en sa pensée
Ne Sarrasins ne Chrestiens,
Par ce que mort est Christians
De Troyes, qui tant ot de prix.
V. mit de la bibl. nat. n° 1716. in 4°.
(3) Catalogue de Lavallière t. II. p. 210
(4) France littéraire t. 15. p. 193.

et l'ignorance, Chrétien de Troyes porta noblement sa bannière. Il fut l'un des fondateurs de la langue française, et la fit marcher d'un pas rapide dans la voie du progrès où elle s'arrêta bientôt après lui. Il sut donner à notre littérature ce cachet de naïveté spirituelle et gracieuse, qui depuis l'ont distinguée. Grâce à lui l'espèce humaine vit augmenter le trésor des distractions ouvert à ses ennuis, à ses misères, à ses chagrins; et de tous les services qu'il rendit, celui-ci n'est pas le moindre. Sa vie se cache derrière un voile; mais ses œuvres ont bravé le nuage qui nous dérobe ses espérances et ses déceptions, ses joies et ses peines. Le temps, qui tua la mémoire de l'homme, a veillé sur la gloire du poète. Son nom est resté debout au milieu des ruines du moyen-âge, et sera l'honneur éternel de la Champagne.

P. Tarbé.

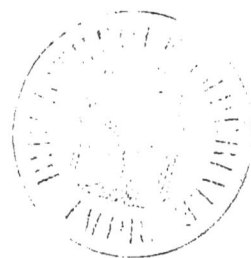

# LE ROMAN

DU

CHEVALIER DE LA CHARRETTE.

Ci après commence li Romans dou Chevalier de la Charete.

Dès que Madame de Champeigne
Velt que romanz à faire enpreigne,
Je l'enprendrai moult volentiers,
Come cil qui est suens entiers
De quant qu'il puet el monde faire,
Sans riens de losenge avant traire.
Mès tex s'en poist entremetre,
Qui volsist losenge metre :
Si deist, et je tesmoignasse,
Que ce est la Dame qui passe
Toutes celes qui sont vivans,
Tant com li funs passe li vens
Qui vente en mai et en avril.
Par foi ! je ne sui mie cil
Qui vueille losengier sa Dame,
Dire et tant, come une gemme
Vaut de pelles et de sardines,
Vaut la Contesse de Reïnes :
Nenil, je n'en dirai ja rien;
S'est il voire, mal ooit gré mien.
Mès tant dirai je que melz oevre
Ses comandemens en ceste oevre,
Que sens ne poine que je i mete.
 Dou Chevalier de la Charete
Commence Crestiens son livre :
Matière et sens l'en done livre
La Contesse; et il s'entremest

De penser, si que rien n'i mest,
Fors li poine et s'entention.
Dès or commence sa raison.

A un jour d'une Ascension
Fu venus devers Carlion
Le rois Artus, et tenu ot
Cort moult riche à Camalot,
Si riche come au jor estut.
Après mengier ne se remust
Li Rois d'entre ses compeignons
Moult ot en la sale barons,
Et si i fu la Reine ensemble.
Si ot, avec lui, ce me semble,
Meinte bele dame cortoise,
Bien parlant à langue françoise.
Et Kès, qui ot servi as tables,
Menjoit avec les conestables.
  Là où Kès séoit au mengier,
Atant evos 1. chevalier,
Qui vint à cort molt acesmez,
De toutes ses armes armez.
Si vint jusque devant le Roi
Le chevalier à cel conroi,
Là où entre ses barons sist.
Ne l' salua pas ; eins li dist :
— Rois Artus, j'ai en ma prison
De la terre et de ta meson
Chevaliers, dames et puceles.
Mès ne t'en di pas les noveles,
Por ce que nes te vueille rendre.
Ençois te vueil dire et aprendre
Que tu n'as force ne avoir,
Par coi tu les puisses avoir.
Et saches bien que si morras

Que ja aidier ne lor porras. »
Li Rois respont qu'il l'en esteut
Sofrir, s'amender ne le peut ;
Molt l'en poise très durement.
Lors fit le chevalier semblant
Qu'aler s'en veille ; si s'entorne.
Devant le Roi plus ne séjorne,
Et vient jusqu'à l'uis de la sale ;
Mais les dégrez mie n'avale ;
Einçoit s'areste, et dit de là :
Rois, à ta cort chevaliers a ;
Ne sai s'en nul tant te fiasses,
Que la Reïne li osasses
Baillier por mener en ce bois
Après moi, là où je m'en vois ?
Par 1. covent li atendrai,
Que les prisons tout vos rendrai,
Qui sont en essil en ma terre,
Sé envers moi la puet conquerre,
Et s'il fet tant qu'il l'en amaint. »
Ice virent il pales maint ;
S'en fu la cors toute estormie.
La novele en a Kès oïe,
Qu'avec les serjans menjoit.
Le mengier laisse, et vient tot droit
Au Roi ; lui commence à dire,
Tout autresi comme par ire :
— Rois, servi t'ai moult longuement
Au melx que poi et laiaument.
Or preing congié : si m'en iré ;
Que james ne te reverré.
Je n'ai volenté ne talent
De toi servir d'ore en avant. »
Au Roi poise de ce qn'il ot
Et quant il respondre li pot,

Si li a dit inele pas :
— Est-ce à certes, ou à gas ? »
— Et Kès respont : Biaus sire Rois,
Je n'ai cure de nul gabois ;
Einz preing congié trestout à certes ;
Je ne vos quier autres desertes,
N'autre loier por mon servise.
Einsinc m'est or volentez prise
Que m'en aille sans respit. »
— Est-ce por ire, ou par despist ?
Est-il voirs qu'aler en volez,
Séneschaux ? si com vos solez,
Soiez à cort ; et si sachiez bien
Que je ne n'ai el monde rien
Que je, por votre remanance,
Ne vos doigne sans demorance. »
— Sire, fit Kès, ce n'a mestier.
N'en prendroie pas I. seitier
Chascun jor d'or fin esmeré. »
  Evos le Roi désespéré
S'en est à la Reïne alez.
— Dame, fet il, vos ne savez
Dou Séneschal, qu'il me requiert ?
Congié demande, et dit qu'il n'iert
En ma cort plus ! ne sai porquoi.
Ce qu'il ne velt fère por moi,
Fera tost por vostre prière.
Alez à lui, m'amie chière.
Quant por moi remanoir ne deigne,
Priez li que por vos remeigne.
Eincois l'en chaioiz vos as piez.
Car jamès ne seroie liez,
Sé sa compeignie n'avoie. »
  Li Rois la Reïne en envoie
Au Séneschal ; et ele i va :

Avec les autres le trova.
Quant ele vint devant lui,
Si li a dit: — qu'à grant ennui
Me vient, ce sachiez à estroux,
Ce que je oï dire de vous.
Li miens amis, ce poise moi,
Que partir vos volez de moi.
Dont vos vient ce? De quel corage?
Ne vos tieing or mie por sage,
Ne por cortois, si com je sueil.
Dou remanoir proier vos vueil.
Remenez; car je vos en pri. »
— Dame, fet Kès, vostre merci;
Mès je ne remaindroie mie. »
— La Reïne et li Rois l'em prie,
Et tuit li chevalier à masse.
— Et Kès li dit qu'elle se lasse
De chose, qui rien ne li vaut.
Et la Reïne de si haut,
Com ele estut, au piez li chiet.
Kès li prie qu'ele s'en liet:
Mès ele dit que non fera;
Jamès ne s'en relevera,
Jusqu'il otroit sa volenté.
Lors li a Kès acréanté
Qu'il remaindra; mès que li Rois
Otreit ce qu'il dira après,
Et ele meismes l'otreit.
— Kès, fit elle, que que ce soit,
Et je et lui l'otroierons.
Or remanez : si li dirons,
Que vos estes issi remès. »
  Avec la Reïne va Kès :
Si sont devant le Roi venu.
— Sire, je ai Kès retenu,

Fit la Reïne, à grant travau.
Mes par i. covent le vos vau,
Que vos feroiz ce qu'il dira. »
— Le Rois de joie en soupira,
Et dit que son commandement
Fera, que que il li demant :
— Sire, fit Kès, or sachiez dons
Que je vueil, et quex soit li dons,
Que vos m'avez asseuré :
Molt me tieing à beneuré,
Que je l'aurai vostre merci.
Sire, ma Dame que voici
M'avez otroiée à baillier :
S'irons après le chevalier,
Qui nos atent en la forest. »
Li Roi poise, et si l'en revest ;
Car de rien ne se desdeit.
Molt irié et dolent le fist ;
Et s'i parut bien à son volt.
La Reïne en repesa molt.
Et tuit dient par la maison
C'orgueil, outrage et desreson
Avoit Kès demandé et quise.
Et li Rois a par la main prise
La Reïne, si li a dit :
— Dame, fit il, sanz nul respist
Estuet qu'avec lui en ailliez. »
— Et Kès dist : or la me bailliez ;
Si n'en doutez vos ja de rien ;
Que je la ramerrai molt bien
Toute haitiée et toute seine. »
Le Rois li baille ; et il l'enmeine.
Ce sachiez que li Séneschaux
Estoit armez ; et ses chevaux
Fu en mi li cort amenez.

Et ot I. palefroi delez,
Tel come à la Reïne convient.
La Reïne au palefroi vient,
Qui ne fu bredis ne tiranz.
Dolentement en soupirant
Monta la Reïne, et si dist
En bas, por ce qu'on ne l'oist :
Ha! ha! sé vos le seussiez,
Ja certes ne me lessissiez
Sans chalonge mener I. pas. »
Molt le cuida avoir dit bas.
Mes li cuens Rinables l'oï,
Qui au monter fu près de lui.
Au départir si grant duel firent
Tuit cil et celes qui l'oïrent,
Come s'ele juist morte en bière.
Ne cuident qu'el reviengne arière
Jamès, en trestout son aage.

Le Séneschaux, par son outrage,
L'enmaine là où cil l'atent.
Liez s'en i va et seurement;
Car molt la cuide bien deffendre
Vers celui, qui le doit atendre.
Einsinc le devise et propose,
Et dit sé cil atendre l'ose,
Que sa folie comparra.
Ja ses parlers n'en vaudra,
Ne sa prière, ne s'amende :
Dex, donez moi que il m'atende!
Car de honte mais n'oseroie
Retorner, sé je ne l' trovoie. »

Einsinc par soi partist et prent.
Mès la Reïne à el entent,
Qui moult se démente et despoire;
Car jamès, si come ele espoire,

Ne cuide que li Rois la voie.
Et ce que einsinc l'en envoie
Li Rois sole et sans aie,
Bien voit qu'il ne l'aime mie.
Car por voir cuide, s'il l'amast,
Que ja einsinc ne la laissast
Loing de lui mener une toise.
Por ce s'en plaint, por ce l'en poise
Qu'ele cuide bien qu'il la hée.
Sovent coloie et sovent bée
Que toutes hores cuide et croit
Que li Rois secors li envoit :
Molt est la Reïne en grant poine.
Kès voit bien quel vie ele moine ;
Si la conforte et aseure :
— Dame, fet-il, soyez seure
Que vos n'avez de nului garde.
Ne soiez por si poi coarde ;
Qu'ennuit à joie et à honor
Vos rendrai le Roi mon seignor.
Et celui, por cui je vieing ça,
Li menrai. Lors si en fera
Son plesir et sa volenté. »
Ce li a Kès acréanté ;
Por voir l'aseure et afiche ;
Molt a le cuer el ventre riche :
Autrement ert qu'il ne l' devise.
  De ses euz esgarde et avise
Le chevalier, qu'il demande,
Venir seul parmi une lande,
Tout por combattre appareilliez.
Et cil qui en a le cuer lié,
Et qui autre chose ne quiert,
Bronche le cheval ; si l' requiert,
Come cil qui ne l'aime point.

Li uns vers l'autre cort et point,
Et molt durement s'entrefièrent.
Des lances, qu'il portent et tienent,
S'entrefrièrent par molt grant ire.
Mès, qui le voir vos voldroit dire,
Ou Séneschal molt meschaï;
Car jus de son cheval chaï,
Surement navrez et malmis,
Et cil, qui ert ses anemis,
Saut après, quant le vit chéu:
(Sachiez que molt li a pleu;)
L'espée trète sor lui vient,
Et dist: — Vassal, or te convient
Venir par mes mains or endroit.
Sé t'oci, ce ert à bon droit;
Car molt fus foul, et molt osas
Quant à l'eure ne reposas
Qu'à moi combatre t'esmeus,
Por mauvès et por vil tenus!
Or si estuet que tu le voies. »
— Ha! sire, fit-il, toute voies
Vos cri merci! quar molt valez.
Coment que li plez soit alez,
Merci doit avoir qui la prie.
Mesmement à vos n'afiert mie,
N'a nul chevalier qui melz vaille,
Que ceste bonté en lui faille. »
 Atant s'eslesse et cort el bois,
Au leu, où il furent repos
Cil, qui avec lui venu èrent;
Vers lui se monstrent et apèrent.
Et cil lor dit que sanz demeure
Facent une letière seure,
Mestent le chevalier blecié.
De ce ne se sont coroucié

Li chevalier ne tant ne quant;
Mes sanz ire et sanz maltalent
Font ce qu'il lor a comandé.
Eins n'i ot charpentier mandé
Por fère pomiaus et entaille;
Mès chascuns à l'espée taille;
Batons si atache moult fors,
Les uns drois, et les autres tors.
Fait ont : que vos diroie plus?
Le Séneschal ont couchié sus;
Si l'emoinent ensemble o eus
Et la Reïne, qui granz dieus
Avoit molt griement tormentée;
Tant s'estoit pleinte et démentée.
Mais ses démenters riens ne vaut,
Qu'il estuet par force qu'elle aut
Quez part que il vouldra. Et l'a
Cil, qui en sa saisine l'a,
Méléaganz, qui moult se prise
De ce que la Reïne a prise.
Por ce fait I. semblant si fier
Méléaganz, qui molt est fier,
Si grant contenance et si fière,
Qu'il semble bien qu'il li afière.
   Et quant la chose fu aperte,
Li Rois Artus de sa grant perte
Fu si de maltalent espris;
Et dist qu'il a trop miespris,
Por ce qu'il n'est qui les resqueue :
S'a dit que Kès a fet la queue.
Ce dist par coroux et par ire.
Mais Gauvains li comence à dire
Au boen Roi son oncle en oiance :
— Sire, fet il, molt grant enfance
Avez fet; et molt me merveil.

Mes sé vos créez mon conseil,
Dementiers qu'il sont encor près,
Je et vos en irons après,
Et cil qui i vodront venir.
Je ne m'en porroie tenir
Qu'après els n'aille meintenant.
Ce ne seroit mie avenant
Que nos après els n'alissions ;
Tant seumant que nos seussions.
Que la Reïne devendra,
Et comment Kès se contindra. »
— Ahi ! biaus niès, ce dist li Rois,
Molt avez or dit que cortois.
Et dès qu'empris l'avez à faire,
Comandez nos chevaux fors traire,
Et mestre frains et enseler ;
Car il n' i a que délaier. »
 Ja sont li cheval enselé,
Apareillié et enfréné.
Li Rois monte tous primereins,
Et enprès mesire Gauvains,
Et tuit li autre qui sont eins :
Chascuns en velt estre compeins.
S'en i ot sans armes assez.
Mesire Gauvains fu armez ;
Et si fist à ii. escuiers
Mener en destre ii. destriers.
 Issi com il i aprochoient
De la forest, issir en voient
Li cheval Kès. Si le conurent,
Que virent que les resnes furent
Dou frain rompues ambedeus.
Li chevaux venoit trestouz seus ;
S'ot de sanc teinte l'estrivière ;
Et de la sele fu derrière

Li arçons fraiz et empiriez,
N' i a nul qui n'en soit iriez ;
Et li uns l'autre engigne et boute.
   Bien loing devant toute la route
Mesire Gauvains chevauchoit ;
Ne tarda guères que il voit
Venir un chevalier le pas
Sor I. cheval dolent et las,
Et panteisant et tressué.
Li chevalier a salué
Monseignor Gauvains primerains ;
Et puis lui mesire Gauvains.
Et li chevalier s'arestut,
Qui mon seignor Gauvains conut.
Si li dist : — Sire, bien véez
Que mes chevaux est tressuez,
Et tex qu'il n'a mès mestier.
Et bien say que cist dui destrier
Sont vostre. Or vos proieroie,
Par covent que je l' vos rendroie
Le servise ou le guerredon,
Que vos ou à prest ou à don,
Le quelque soit, me prestissoiz. »
— Et il li respont : choissisiez
Des .II. celui, qui melz vos siet. »
— Et cil, qui ère embesoigniez,
N'ala pas quérant le meillor,
Ne le plus bel, ne le greignor.
Eins saille molt tost sor celui
Qu'il trova plus près de lui.
Molt s'en va tost par la forest
Li chevalier sanz nul arest ;
Et mesire Gauvains après
Le suit, et chace come engrès,
Tant qu'il ot I. poi avalé.

Et quant il ot grant pièce alé,
Si a trové mort le destrier
Qu'il ot baillié au chevalier.
Se voit molt grant de froisseiz
De chevaux, et de foleiz
D'escuz et de lances entor.
Si aperçoit que grant estor
De plusors chevaliers i ot.
Si li pesa molt et desplot
De ce qu'il n'i avoit esté.
N'i a pas gramment aresté;
Einz passe outre grant aleure,
Tant qu'il revit par aveuture
Le chevalier tout sol à pié,
L'escu au col, li aume lacié,
Et tout armé, l'espée ceinte :
Si ot une charete ateinte.
　Les charetes servoient lores
Dont li pilori servent ores.
Et en chascune boenne vile,
Ou en a or espoir II. mile,
En ce tant n'en avoit que une.
Et cele estoit à touz commune ;
Aussi com li pilori sont,
Quant traïson ou murtre font,
Et à cels qui sont encheu,
Et as hons qui ont eu
Autrui avoir par larrecin,
Ou tolu par force en chemin.
Qui à forfet estoit repris,
S'estoit en la charete mis,
Et menez par toutes les rues ;
S'avoit puis tontes lais perdues.
Por ce que charete estoit taus
Si vileines et si cruiaus,

Fu dit premiers : quant tu verras
Charete, ne n'encontreras,
Si te seigne ; et si te souveigne
De Deu, que mal ne t'en avieigne.
　Li chevalier à pié, sans lance,
Après la charete s'avance :
Et voit un nain sur les banons,
Qui tenoit come charetons
Une longue verge en sa main.
Li chevaliers a dit au nain :
— Nains, fait il, por Deu ! car me di
Se as veu passer par ci,
Passer ma dame la Reïne ? »
Li nains, cuvers, de pute orine,
Ne l'en volt noveles conter.
Eins li dist : — Se tu vels monter
Sur la charete, que ge main,
Savoir porras jusqu'à demain
Que la Reïne est devenue. »
　A tant à la voie tenue,
Qu'il ne l'atent ne pas, ne hore.
Tant solement pas ne demore
Le chevalier, que il ne monte.
Mal le fist ; mar i douta honte.
Mès raison, qui d'amor se part,
Li dit que de monter se gart.
Si le chastie, si l'enseigne
Que riens ne face ne n'enpreigne,
Dont il ait honte ne reproche.
N'est pas el cuer, mès en la boche
Reson, qui ce dire li ose.
Mès amors est el cuer enclose,
Qui li comande et semont
Que tost sor la charete mont.
Amors le velt ; et il i saut ;

Que de la honte ne li chaut,
Dès que amors comande et velt.
 Et mesire Gauvains s'esqueut
Après le charetiers poignant ;
Et quant il i treuve séant
Li chevalier, si se merveille.
Puis dist au Nein : — car me conseille
De la Reïne, se tu sez? »
— Et cil dist : se tu tant te hez,
Com cist chevaliers qui ci siet,
Montes avec lui, s'il te siet,
Et je te merrai après lui »
Cil le tint à molt grant ennui.
Quant mesire Gauvains l'oï,
Dist qu'il ni montera ennuit ;
Car trop vil eschange feroie
Sé charete à cheval chanjoie.
— Mes va quel part que tu voldras ;
Et iré là où tu iras. »
 A tant à la voie se mestent.
Cil chevauche ; li dui charestent ;
Ensemble une voie tienent.
Le vespre à I. chastel vienent.
Tuit troi entrèrent par la porte.
Dou chevalier, que cil aporte
Sur la charete, se merveillent
Les gens, meismes en conseillent.
Einz huèrent petit et grant,
Et li vieillart, et li enfant
Par les rues à moult grant hui.
S'ot le charetier molt de lui
Vilenie et despiz dire.
Tuit demandant à quel martyre
Sera cil chevalier renduz?
— Iert il escorchiez, ou penduz,

Naiez, ou ars eu feu d'espinel?
— Dite nos, nains, qui le trainez,
A quel forfet fu il trovez?
— Est-il de larrecin provez,
Ou de murtre, ou en champ cheuz?
Et li nains s'est adès teuz
Qu'il ne respont ne un nesel.
Li chevalier meine à l'ostel ;
Et Gauvains suit adès le nain
Vers une grant tor en I. plein.
Par devers la ville séoit ;
D'autre part praierie avoit,
Et par delèz estoit asise
La tour, sor une roche bise,
Haute, trenchiée contreval.
Après la charete, à cheval
Entre Gauvains dedens la tour.
En la salle ont de bel ator
Une damoiselle encontrée ;
N'avoit si bele en la contree.
Et voient venir II. puceles
Avoc ele gentes et beles
Et meintenant, com eles virent
Mon seignor Gauvains, lui firent
Grant joie ; et si le saluèrent,
Et dou chevalier demandèrent :
— Nains, qu'à c'est chevaliers meffet,
Qu'amaines come contret ? »
Cil ne lor en volt reson rendre ;
Ainz fist le chevalier descendre
De la charete ; si s'en va.
Onc ne sorent où il ala.
Et mesire Gauvains descent.
A tant vienent vallet avant
Et ambedeus les désarmèrent.

Deus mantiaus, qu'il afublèrent,
Fist la damoiselle aporter.
Quant il fu hore de souper,
Li mangiers fu biaus adornez.
La Damoiselle sist delez
Monseignor Gauvains au mangier.
Por noient volsissent changier
Lor hosté pour autre meillor ;
Car molt lor parfist grand honor
Et compeignie boene et bele,
Toute la nuit, la Damoisele.
 Quant il orent assez veillié,
Dui lit furent apareillié
Enmi la sale grant et lonc.
Et en ot .I. autre selonc
Plus bel des autres et plus riche.
Car, si com li contes afiche,
Il i avoit tous tel deliz
Qu'en seut deviser en liz.
Et quant fut de couchier leus
La Damoiselle prist andeus
Ses hostes, qu'elle ot ostelez:
Deus liz molt biaus et bons et lez
Lor montre, et dit : — A vos II. cors
Sont fet cest dui lit ça defors.
Mès en celui qui est de là
Ne gist, qui deservi ne l'a. »
Cil qui sur la charete assis,
Qui avoit à grant despis
La deffense à la Damoiselle :
— Dites moi, fit-il, la querelle
Por quoi cist lez est en deffense? »
Cèle respont, qui pas ne pense
Qu'ele s'iert porpensée bien :
— A vos, fet ele, n'en tient rien

Dou demander, ne de l'enquerre!
Honiz est chevaliers en terre,
Dès qu'il a esté en charete.
Si n'est pas droit qu'il s'entremete
De ce dont vos m'avez requise.
Ne s'entremete qu'il i gisse,
Qu'il le porroit tost comparer !
L'en ne l'a mie fet parer
Si richement por vos couchier :
Vos le comparriez molt chier,
S'il vos venoit néis en penser. »
— Ce verrois vos, fit il par penser. »
Je l' verré? — Voire. — or i parra ! »
— Je ne sai qui le comparra?
Fet li Chevalier de rechief :
Que qu'il ennuit, ne ne soit grief,
En celui lit vois ge gesir,
Et reposer tout à lesir. »
Lors s'est maintenant deschauciez
Du lit, qui fu lons et hauciez
Plus des autres II. demie aune,
Et fu covert d'un samit jaune,
D'un covertoir d'or estelé :
Ne fu mie de vert pelé
La forreure; einz fu de sable.
Molt fust bien à I. Roi metable
Le covertoire, qui fu sor lui.
Desous ne fu mie de glui,
Ne de pesaz, ne de viez nates.
 A mie nuit, devers les lates,
Vient une lance come foudre.
Le fer descent, et qui doit coudre
Le chevalier, parmi les flans,
A covertoir et à dras blans,
Au lit où il se gisoit.

En la lance i. penon avoit,
Qui tous estoit de feu espris :
Il covertoir dou lit fu pris,
Et ès dras et el lit à masse.
Et li fers de la lance passe ;
Au chevalier fier le costé ;
Si qu'il l'i a dou cuir osté
Un poi ; mès ne fu pas bleciez.
Li chevalier s'est esveilliez ;
S'esteint le feu, et prent la lance ;
An mi la sale la balance.
Por ce son lit onc ne guerpi ;
Einz se coucha et s'endormi,
Tout autre si seurement
Come il ot fet premièrement.

Bien par matin, au point dou jor,
La Damoiselle de la tor
Lor ot fet messe apareiller :
Ses fet lever et esveiller.

Quand l'en or ot messe chantée.
Au fenestres, devers la prée,
S'asist li chevaliers pensis,
Cil qui sor la charete ot sis,
Et esgardoit aval les prez.
A l'autre fenestre de lèz
S'en fu la pucele venue.
Si l'avoit à conseil tenue
Mesire Gauvains en recoi,
Une pièce, ne sai de coi.
Ne sai dont les paroles furent ;
Mes tant for la fenestre furent,
Qu'aval les prez, lès la rivière,
En virent porter une bière.
S'avoit dedenz i. chevalier,
Et de lèz duel moult grant et fier,

Que ıı. damoiseles fesoient.
Après la bière venir voient
Une route ; et devant venoit
Uns grans chevaliers, qui menoit
Une bèle dame à senestre.
Li chevaliers de la fenestre
Conut que c'estoit la Reïne.
De l'esgarder onques ne fine,
Molt ententis, et molt li plot.
Au plus longuement que il pot :
Et quant plus ne la pot veoir,
Si se volt jus lessier cheoir,
Et trébuchier aval son cors :
Et estoit ja demis defors,
Quant mesire Gauvains le vit.
Arrières le tret ; si li dist :
— Merci, sire, saiez en pez.
Por Deu ! ne l' vos pensez jamès,
Que vos façoiz tel desverie.
A grant tort heez vostre vie.»
— Mès adroit, fit la Damoisele :
Don ne savez vos la novele ?
Par tout set l'en de s'aventure
Et de sa grant mesaventure.
Dès qu'il a en charete esté,
Bien doit voloir qu'il soit tué.
Sa vie est dès or mès honteuse,
Et despite, et maleureuse. »
 A tant lor armes demandèrent
Li chevalier, et si s'armèrent.
Los et cortoisie, et proesce
Fist la Damoisele, et largece.
Que quant ele ot assez gabé
Le chevalier et ramponé,
Si li done cheval et lance

Par amor et par acointance.
A tant ont de lui congié pris,
Come cortois et bien apris.
Molt l'ont merciée ; si l'ont
Saluée. Puis si s'envont,
Si com la Reïne aler virent.
Einsinc hors dou chastel issirent,
Et treuvent i. chemin ferré.
　Tant ont en lor chemin erré,
Que il pot estre none de jor.
Lores ont en i. quarrefor
Une Damoisele encontrée :
N'avoit si bele en la contrée.
Chascuns la salue et prie
Sé ele set, qu'ele lor die,
Où la Reïne en est menée.
— Cele respont comme senée,
Et dist : bien vos sauroie mestre,
Tant me porriez vos promestre,
Et droit chemin et en la voie,
Et la terre vos monsterroie ;
Et le chevalier qui l'en maine :
Mès il li convendroit grant poine,
Qui en la terre entrer voldroit ;
Qu'einz qu'il li fust, molt se doudroit. »
　Et mesire Gauvains li dist :
— Damoisele, se dex m'eist !
Je vos en promet à devise
Que me meste en votre servise,
Quant vos plera, tot mon pooir ;
Mès que vos me diez le voir. »
Le chevaliers de la charete
Ne dist pas qu'il li promeste
Tout son pooir ; Einçois afiche,
(Come cil que amor fet riche

Et puissant, et hardi par tout),
Que sanz arest et sans redout
Quanque ele velt, li promest ;
Et tout en son voloir se mest.
— Donc le vos dirai ge, fit ele. »
Lors lor conte la Damoisele :
— Par foi ! seignor, Meleaguanz,
I. chevaliers corsuz et grans,
Fiuz le Roi des Ogres l'a prise ;
Et si l'a el réaume mise,
Dont nul estranges ne retorne :
Mès par force el païs séjorne
En servitute et en essil. »
Alors li redemandent-il :
— Damoiselle, où est cela terre ?
Où porrons nos la voie querre ? »
— Cele respont : tost le sauroiz :
Mes sachiez bien, moult i auroiz
Encombriers et felons trespas.
De légier n'i entre l'en pas,
Sé par le congié le Roi non.
Le rois Baudemagnz a nou.
Si puet en entrer toute voies,
Par deux molt périlleuses voies
Et par II. molt félons passages :
Li uns a nom li Pons Evages,
Por ce que sous eve est li pons.
S' i a de l'eve jusqu'au fons,
Autant de souz comme de sus,
Ne de ça mains, ne de là plus.
Ainz, est li pons tot droit emmi ;
Et si n'a que pié et demi
De lès, et autretant d'espès.
Bien fet à refuser cest mès :
Si est ce li meins parilleus.

Mès il a assez entre deus
Eves granz et parfons rivages
Encombriers et felons passages,
Et molt d'autres dont je me tès.
Li autres pons est plus malvès;
Qu'il est come espée trenchans.
Et por ce trestoutes gens
L'apelent le Pont de L'Espée.
La vérité vos ai contée,
De tant com dire vos en puis. »
  Et c'il le redemandent puis :
— Damoisele, sé vos savez,
Ces II. voies nos enseigniez ? »
Et la damoiselle respont :
— Voyci la droite voie au pont
De sous l'eve, et cele de là
Droit au pont de l'espée va. »
  Alors redit li chevaliers,
Cil qui ot esté charetiers :
— Sire, je vos part sans rancune :
Vos prendroiz des .II. voies l'une.
Prenez lequel muez amez,
Et l'autre quitte me clamez. »
— Par foi ! fit, mesire Gauvains.
Molt est périlleus et grevains
Li uns et li autres passages.
Dou prendre ne sui mie sages ;
Je ne sai pas le quel je preingne.
Mès nest pas droiz qu'à moi remeingne,
Quant parti m'en avez le geu ;
Au pont desouz eve me veu. »
— Donc est-il droit que je m'envoise
Au pont de l'espée sanz noise,
Fit li autres ; je mi otroi. »
A tant sont départi tuit troi.

S'a li uns l'autre comandé
Molt déboennerement à Dé.
   La pucele aler les en voit
Et dit : — Chascuns de vos me doit
I. guerridon à mon gré rendre,
Quel hore que je l' voudrai prendre.
Gardés, ne l'oubliez vos mie. »
— Non ferons nos, voir, douce amie,
Font le chevaliers ambedui. »
   A tant s'en vet chascuns par lui.
Et cil de la charete pense,
Com cil qui force ne deffense
N'a vers amor, qui le joustise.
Et ses pensers est en tel guise
Que lui meismes en oublie.
Ne set s'il est, ou il n'est mie ;
Ne set où va, ne set dont vient ;
De rien nule ne li souvient,
Fors d'une sole, et por celi
Mest toutes autres en oubli.
A cele sole pense tant,
Qu'il ne voit, ne il n'entent.
Et ses chevax molt tost l'emporte ;
Qu'il ne va mie voie torte,
Mès la meillor et la plus droite.
A tant par aventure esploite,
Qu'en une lande le a porté.
   En cele lande avoit .I. gué ;
Et d'autre part armez estoit
Un chevalier, qui le gardoit.
S'ot une Damoisele o soi,
Venue sor I. palefroi.
Et ja estoit près none basse,
N'encor ne se mue, ne lasse
Li chevalier de son penser.

Li chevaux voit molt bel et cler
Le gué, qui molt grant soif avoit;
Vers l'eve cort, quant il la voit.
Et cil qui fu de l'autre part
S'escrie : Chevaliers, je gart
Le gué ! si le vos contredi ! »
Cil ne l'entent, ne ne l'oï,
Que ses pensers ne l'i lessa.
Et toutes voies s'eslessa
Le chevaliers vers le gué tost ;
Cil li escrie que il ost
Loing dou gué ; si fera que sages ;
Car là n'est mie li passages.
Et jure le cuer de son ventre
Qu'il le ferra, s'il i entre.
Mès le chevaliers ne l'ot mie,
Et cil tierce fois li escrie :
Chevaliers, n'entrez mie el gué
Sor ma deffense et sor mon gré,
Que par mon chief je vos ferrai,
Si tost come el gué vos verrai ! »
Cil pense tant qu'il ne l'ot pas,
Et li chevaux plus que le pas
Saut el gué et dou champ se soivre ;
Par grant talent comence à boivre.
Et il jure qu'il le ferra ;
Ja le escuz ne le garra,
Ni li haubers qu'il a el dos.
 Lors mest le cheval ès galos,
Et des galos el cors l'embat :
Et fiert celui, si que tout plat
Le met el gué tent estendu,
Que tant li avoit deffendu.
Et cil i chiet tout à .I. vol
La lance et l'escu dou col.

Et cil se liève ; si tressaut
Tous estourdiz ; en estant saut ,
Ainsinc come cil qui s'esveille.
S'ot et voit , et si se merveille
Qui puet estre qui la féru.
Lors a le chevalier veu ,
Si li a dit : Vassal , por coi
M'avez feru ? dites le moi ,
Que rien meffet ne vos avoie ,
Ne devant moi ne vos veoie ? »
— Par foi ! si fesiez , fit il.
Ne me tenistes por vil ,
Quant je le gué vos contredis
Trois foiées , et si vos dis
Au plus haut que je poi crier ?
Bien vos oïtes deffier ! »
Li chevaliers respont adonques :
— Daha ait qui vos oï onques,
Ne vit onques mès que je soie !
Bien puet estre que je pensoie ,
Quant le gué me contredictes.
Mes sachiez que mal le feites :
Sé je au frain à mes .II. mains
Vos pooie tenir au mains ! »
— Et cil respont : que avendroit ?
Tenir m'i porras or endroit
Au frein , sé tu me oses prendre.
Je ne pris pas plein poing de cendre
Ta menace ne ton orgueil. »
— Et cil respont : Je meuz ne vueil :
Que que m'en doie avenir ,
Je te voldroie ja tenir. »
Lors vient li chevaliers avant
En mi le gué, Et cil le prent
Par la resne. à la main senestre ,

Et par la cuisse à la main destre ;
Si sache et tire, et si l'estraint
Si durement que cil se pleint,
Qu'il li semble que toute hors
Si traie la cuisse dou cors.
Et cil li prie qu'il le lait,
Et dist : Chevalier, s'il te plait
A moi jouster par igal,
Pren ton escu et ton cheval
Et ta lance ; si jouste à moi. »
— Et il dit : Non feré, par foi !
Que je cuit que tu t'en fuiroies
Tantost come eschapez seroies. »
— Quant cil l'oï, s'en ot grant honte.
Si li redist : Chevalier, monte
Sor ton cheval seurement.
Et je te créant liaument
Que je ne guenche ne ne fuie.
Honte m'as dit, si m'en ennuie. »
— Et cil li respont autrefoiz :
Einz m'en iert plevie ta foiz.
Je vueil que tu la me plevisses
Que tu ne fuies ne guenchisses,
Et que tu ne mi toucheras,
Ne vers moi ne t'aprocheras,
Tant que tu me voies monté.
Si t'aurai fete grant bonté,
Quant je te tieing, se je te lais. »
  Cil le plevist que n'en puet mais.
Et quant il en ot la fiance,
Si prent son escu et sa lance
Qui par le gué flotant aloient,
Et toutes voies s'avaloient ;
S'estoient ja molt loing aval.
Puis reva prendre son cheval.

Quant il l'ot pris et montez fu,
Par l'enarme prent son escu
Et met la lance sor le fautre :
Puis point li uns encontre l'autre,
Tant com cheval lor puent rendre.
Et cil, qui velt le gué deffendre,
Son compeignon premiers requiert,
Et si très durement le fiert
Que la lance à estroux pecoie.
L'autres fiert lui, si qu'il l'envoie
Al gué, tout plat desoz le flot ;
Si que l'eve soz lui reclot.
Puis se trèt arrière et descent ;
Car il en cuidoit bien sex cent
Devant soi mener et chacier.
Dou fuerre tret le branc d'acier ;
Cil resaut sus, si tret le suen,
Qu'il avoit flamboiant et boen :
Se s'entreviennent cors à cors.
Les escus, qu'il orent as cols,
Traient avant, et si s'en cuevrent ;
Les espées bien i espruevent.
Tant que la bataille à ce monte,
Qu'en son cuer en a molt grant honte
Li chevaliers de la charete :
Et dit que mal tendra la deste
De la voie qu'il a emprise,
Quant il a si grant pièce mise
A conquerre .i. sol chevalier.
S'il en trovast en .i. val ier
Cex cent, ne cuide ne ne pense
Qu'il eussent vers lui deffense.
S'en est molt dolens et iriez,
Quant il est ja si empiriez
Qu'il pert ses coux et le jor passe.

Lors li cort seure, et si le hate,
Si que cil li guenchit et fuit :
Le gué (mès que bien li ennuit)
Et le passage li otroie.
Mès cil le chace toute voie,
Tant qu'il chiet à paumetons.
Lors li cort sus li charetons ;
Si jure quanqu'il puet veoir,
Que mal le fist el gué cheoir,
Et son penser mal li toli.
La Damoisele, que o lui
Le chevalier amené ot,
Les menaces entent et ot ;
A grant poor vient ; si li prie
Que, s'il li plet, qu'il ne l'ocie.
 Et cil dit, qui fu esmaiez :
Por Deu, beau sire, or m'otriez
La merci que je vos demant. »
— Et cil respont : se Dex m'ament,
Onques nus tant ne me meffist.
Sé por Deu merci me requist,
(Que por Deu, si come il est droiz,
Merci n'en eusse une foiz)
Et ansinc auré ge de toi ;
Que refuser ne la te doi,
Dès que demandée la m'as.
Mès einçois me fianceras
A tenir, là où je voudrai,
Prison, quant je t'en semondrai. »
— Cil le plevist, qui il est grief.
La Damoiselle de rechief
Dist : Chevalier, par ta franchise,
Dès que il t'a merci requise,
Et tu otroié li as,
S'onques nul prison deslias,

Deslie moi icest prison;
Claime moi quite sa prison,
Par covenant, quant leus sera,
Tel guerredon, com toi plera,
T'en rendrai, selonc ma poissance. »
Et lors i ot cil conoissance
Par la parole qu'elle ot dite :
Si li rent le chevalier quite.
Et cele en a honte et angoisse ;
Car ele crient qu'il la conoisse;
Car ele ne le volsist pas.
Et cil s'enpart inele pas ;
Et cil et cele le comandent
A Dieu, et congié li demandent.
Il lor donne ; puis si s'en va,
Tant que de bas vespre trova
Une Damoisele venant,
Molt bele et molt avenant,
Bien acesmée et bien vestue.
  La Damoiselle le salue
Come sage et bien afetiée.
Il li respont : — saine et hétiée,
Damoiselle, vos face Dex ! »
— Puis li dist cele : mes ostex,
Sire, vos est apareilliez,
Sé dou prendre estes conseilliez.
Mès par tels couvent i vendroiz
Qu'avecques moi vos coucheroiz :
Einsinc le vos offre et présent. »
  Plusors sont, qui de cest présent
Li rendissent v. c. merciz ;
Et cil en est trestout nerciz.
Si li a respondu tout tel :
— Damoiselle, de vostre hostel
Vos merci gie : si l'ai molt chier.

Mès s'il vos plesoit dou couchier,
Me souterroie je molt bien? »
— Je n'en feroie autrement rien,
Fet la pucele, par mes euz! »
Et cil, dès qu'il ne puet meuz,
Li otroie ce qu'elle velt.
De l'otroier i cuers li deut;
Et quant ce solement le blece,
Molt avant au couchier destrece.
Molt i avint travail et poine.
La Damoiselle qui l'enmoine,
Espoir tant le puet ele amer,
Ne le voldra quite clamer.
 Dès qu'il li ot acréanté
Son plesir et sa volenté,
Si l'enmeine jusques el baile.
N'avoit si bel jusqu'en Tessaile;
Et là dedens nus ne manoit,
Fors cils qu'ele ramenoit.
Cele i ot fet por son repère
Assez de beles chambres fère,
Et sale molt grant et planière.
Chevauchant lèz une rivière
S'en vindrent jusqu'à un herbaiage.
Et l'en lor ot, por lor passage,
1. pont torneiz avalé.
Par sor le pont sont enz entré;
Si ont trové la sale overte,
Que estoit de tiulle coverte.
Par l'uis, qu'il ont trové overt,
Entrent enz, et voient covert
1. dais d'un doublier blanc et lè:
Et sur estoient aporté
Li mès, et chandelles mises
És chandeliers toutes esprises,

Et li hanap d'argent doré,
Ès poz li vins, et le moré,
Et li autre de fort vin blanc.
De lèz le dais au chief d'un banc
Trovèrent .II. bacins tous pleins
D'eve chaude à laver lor meins.
Et de l'autre part ont trovée
Une toaille bien ovrée,
Bele et blanche à mains essuier.
Vallet, serjant ne escuier
N'ont liens trové ne veu.
De son col oste son escu
Li chevaliers, et si le pent
A .I. croc; et la lance prent,
Toute droite l'apuie en haut.
Tantost jus de son cheval saut,
Et la Damoisele dou suen.
Au chevalier fu bel et boen,
Quant ele tant ne volt atendre
Qu'il li aidast à descendre.
Et quant ele fu descendue,
Tot maintenant, sans attendue,
Jusqu'à .I. chambre s'en cort;
I. mantel d'escarlate cort
Li aporte; si l'en afuble.
La sale ne fu mie en nuble;
Si i luisent ja les chandeles:
Et si luisoient les estoiles.
Quant elle li a au col mis
Le mantel, si li dist: — Amis,
Vez ça l'eve et la toaille.
Nus ne la vos ofre ne baille;
Ne céens for moi ne véez;
Lavez vos mains; si aséez,
Quant vos plera et boen vos iert.

L'ore et le mengier le requiert,
Si com vos le poez veoir. »
Cil lave ; si se va seoir
Molt volentiers, et si li siet ;
Et la damoiselle s'asiet.
Si menjent ensemble et boivent,
Tant que dou mengier lever doivent.
 Et quant sont levé dou mengier,
Dist la pucele au chevalier :
— Sire, alèz vos là hors déduire,
Mès tant qu'il ne vos doie ennuire :
1. tant solement i seroiz,
S'il vos plest, que vos penserois
Que je devroie estre couchiée.
Ne vos ennuit, ne vos dessiée ;
Que lors porroiz à tens venir,
Sé covenant volez tenir. »
Et cil repont : — Je l' vos tendrai
Vostre covent ; et revendrai,
Quant je cuiderai qu'il soit hore. »
Lors s'en ist hors et si demore
Une molt grant pièce en la cort :
Tant qu'il estuet qu'il sen recort
Que covent tenir li convient.
Arrières en la sale vient.
Mès cele qui se fait sa mie
Ne trove pas, qu'el ni est mie.
Quant il ne la treuve ne voit,
Se dist : — En quelque leu qu'el soit,
Je la querrai, tant que je l'aie. »
De lui querre plus ne délaie,
Por le covent, que fet li ot
 En une chambre entre ; si ot
En haut crier une pucele.
Et ce estoit meismes cele,

A qui il coucher se devoit.
A tant d'un autre chambre voit
L'uis overt et vient cele part.
Et voit, très emmi son regart,
C'unz chevaliers l'ot enversée.
Si la tenoit entraversée
En .I. lit, toute descouverte.
Celle, qui cuidoit estre certe
Que cil li venist en aide,
Crioit en haut : — Aide ! aide !
Chevaliers, tu qui es mes ostes !
Sé de sor moi cesti ne m'ostes,
Il me honnira devant toi.
Ja te doiz tu couchier à moi,
Si com tu le m'as créanté ;
Fera donc cist sa volenté
De moi, voiant tes eux, à force ?
Gentix Chevaliers, quar t'efforce ;
Si me secor isnelement ! »
Cil voit que molt vilement
Tenoit la damoiselle cil
Descouverte jusqu'au nombril.
S'en a grant honte, et si l'en poise
Quant nu à nu à lui adoise :
Si n'en iert il mie jalous,
Ne ja de lui ne sera cous.

   Droit à l'entrée avoit portiers
Trestouz armez II. chevaliers,
Qui espées nues tenoient.
Après quatre serjenz estoient :
Si tenoit chascuns une hache.
Dont l'en poist bien une vache
Trencher outre parmi l'eschine,
Tout autresi com la racine
D'un genoivre ou d'une geneste.

Le chevaliers à l'uis s'areste
Et dist : — Dex, que porrai ge fère ?
Meuz sui por si grant afère,
Com por la reine Ganièvre.
Ne doi mie avoir cuer de lièvre,
Quant por lui sui en itel queste.
Se mauvestié son cuer me preste,
Et ge son comandement faz,
N'ateindré pas là où je chaz.
Honiz sui, sé je me remaing !
Molt me vient ore à grant desdeing,
Quant je ai tant demoré ci.
Et ja Dex n'ait de mon merci,
(Si ne l'di mie por orgeuil,)
Sé assez meuz morir ne vueil
A honor, que à honte vivre.
Sé la voie m'estoit délivre,
Quele ennor i auroie gié ?
Sé cil m'en donoient congié
De passer outre sans chalonge,
Dons i passeroit, sans mençonge,
Aussi li pires hom qui vive !
Et je voi que ceste chaitive
Me crie merci molt souvent
Et si m'apele doucement,
Et molt vilment le me reproche. »
  Meintenant jusqu'à l'uis s'aproche.
Si met enz le col et la teste ;
Si regarde à mont vers le feste,
Et voit .II. espées venir.
Ariers se trère, et retenir
Li chevalier lor cop ne porent,
De bruit si esmeus les orent :
Entr' eles les espées fièrent,
Si qu'en .II. metiez peçoièrent.

Cil voit qu'elles sont peçoiés;
Meins en a les haches prisiées;
Et meins les encrient et redoute.
Entr'eus s'elance, et fiert dou coute
.I. serjant et .I. autre après ;
Les .II. qu'il trova plus près
Fiert si des coudes et des braz,
Qu'ambedeus les abat touz plaz.
Et li tierz a à lui failli ;
Et li quarz, qui l'a asailli,
Fiert si que dou mantel li trenche,
Et la chemise, et la char blanche.
Mès cil de rien ne se délaie,
Ne se plaint mie de sa plaie:
Einz vet et fet ses pas plus amples ;
Et prent celui parmi les temples,
Qui efforcier voloit l'ostesse.
Rendre li voldra sa promesse
Et son covent, einz qu'il s'en aut.
Voille ou non le redrece en haut.
Et cil, qui a lui failli ot,
Vint après au plus tost qu'il pot ;
Et liève son cop de rechief
(Si cuide bien) parmi le chief ;
Jusques dens le cuide bien fendre.
Et cil, qui bien se sot deffendre,
Li rent le chevalier encontre.
Et cil de la hache l'encontre
Là où l'espaule au col li joint ;
Si que l'un de l'autre desjoint.
Et le chevaliers prent la hache,
Des poins isnelement li sache.
Et let celui que il tenoit,
Qu'à deffendre li convenoit ;
Car li chevalier sor lui vienent,

Et cil, qui les trois haches tiennent :
Si l'asaillent molt cruelment,
Que cil saut molt délivrement
Entre le lit et le paroi.
Et dist : — Or ça, trestuit à moi,
Sé vos estiez trente et sex !
Dès que je ai tant de recès,
Si auroiz vos bataille assez ;
Ja par vos ne serai lassez. »
Et la pucele qui l'esgarde
Dist : — Par mes euz, n'i avez garde,
D'or en avant là où je soie. »
Tout maintenant ariers envoie
Les chevaliers et les serjanz.
Cil s'en vont tous de léans,
Sans arest et sans contredit.
La Damoisele li redit :
— Sire, bien m'avez deresniée
Encontre toute ma mesniée.
Or en venez : je vos enmains. »
En la sale envont mains à mains.
Mès celui mie n'enbeli,
Qu'il le soufrist molt bien de li.

Un lit ot fet en mi la sale,
Dont li drap n'ièrent mie sale,
Mès blanc et lé, et délié.
N'estoit pas de fuerre esmié
La couche, ne la coute après.
.I. couvertoir de .II. diaprès
Ot estendu de sor la couche.
Et la Damoisele se couche ;
Mès n'oste mie sa chemise.
Et cil a molt grant pièce mise
Au deschaucier, au desnoer.
D'angoisse lui convient suer ;

Toutes voies parmi l'angoisse
Covenant le veint et detroisse.
Et il se couche tout atret ;
Mès sa chemise pas ne trèt ,
Ne plus qu'ele ot la soe trete.
D'adeser à lui bien se guete ;
Einz s'en esloigne et gist envers ;
Ne ne dist mot ne que .I. vers.
N'onques ne torne son regart
Ne devers lui, ne d'autre part.
Ne semblant fère ne li puet ,
Par poi que li cuers ne li muet.
S'estoit ele molt bele et gente ;
Mès ne li plet ne atalente
Quanque est bel et boen à chascun.
Le chevaliers n'a cuer que un ;
Et cil n'est pas encore à lui ;
Einz s'est comandez à autrui.
Si qu'il ne puet aillors penser.
Tout le fet en .I. leu ester
Amors, qui touz les suens joustise.
Touz ? non fet, fors cils qu'ele prise.
Et cil se redoit plus prisier
Qu'amors deigne jousticier.
Amors le cuer celui prisoit
Tant, que sor touz le joustisoit.
Si li done si grant orgueil
Que de riens blamer ne le vueil.
Si fait ce qu'amors li deffent ;
Là où amors velt, il entent.

   La pucele voit bien et set
Que cil sa compeignie het,
Qu'il ne quiert à lui adeser,
Et dist : — S'il ne vos doit peser,
Sire, de ci me partirai ,
Et en mon lit me coucherai :

Et vos en seroiz plus à èse.
Ne cuit mie que molt vos plèse
Mon solaz, ne ma compeignie.
Ne l'atornez à vilenie,
Sé je vos dis ce que je cuit.
Or vos reposez mès ennuit ;
Que vos m'avez rendu molt bien,
Qu'onques ne s'en failli rien
Par droit ne vos puis demander
Riens. A Deu vos vueil comander
Car je m'en vois. » Lors si s'en va.

 Au chevalier pas ne greva ;
Einz l'en let aler volentiers,
Com cil qui est amis entiers
Autrui : si que bien l'aperçoit
La Damoisele et bien le voit.
Si est en sa chambre venue,
Et sest couchiée toute nue.
Lores a dit à lui meismes :
— Dès lores que je conui primes
Chevaliers, .I. seul n'en conui
Que prisasse avers cestui
La tierce part d'un angevin.
Car si com je preus et devin,
Il velt à si grant chose entendre
Que chevaliers n'osast enprendre
Si périlleuse ne si grief.
Et Dex doint qu'il en viegne à chief ! »
Atant s'en dort ; et si se jut,
Tant que le cler jor aperçut.

 Tost meintenant que l'aube criève,
S'esveille et si se liève.
Et li chevaliers se resveille,
Si s'atorne, si s'apareille ;
Si s'arme, que aide n'i atent.

La Damoiselle vient atant ;
Et dist : — Sire, je m'en iroie
Avecques vos en ceste voie,
Sé vos mener mi osiez,
Et sé vos me conduisiez
Par les us et par les costumes,
Qui furent, einz que nos ne fumes,
El réaume de Logres mises.
Les costumes et les franchises
Estoient tex à cel termine,
Qu'à damoiselle ne meschine,
Sé chevaliers la trovast sole,
Ne plus qu'il se coupast la gole,
Ne feist sé toute ennor non ;
S'estre volsist de boen renon :
Et s'il l'esforçast, à touz jors
Estoit honiz en toutes cors.
Mès sé ele conduit eust
Uns autres, sé tant li pleust,
Quant celui bataille en feist,
Sé par armes le conquist,
Sa volenté en puet fère
Sans honte, et sans blame retrère. »
Por ce la Damoisele dist
Que s'il osast ne ne volsist
Lui par cez costumes conduire,
Que autres ne li peust nuire,
Qu'ele s'en alast avec lui.
Et cil li dist : — Ja nul ennui
Ne vos fera ce vos otroi,
S'en ne le fêt primes à moi. »
— Donc i vueil ge, fet ele, aler »
  Son palefroi fet amener,
Et li chevaux ou chevalier.
Andui montent sanz escuier;

Si s'en vont molt grant aleure.
Cele l'aresne ; et il n'a cure
De quanque ele l'aparole.
Molt het son plet et sa parole ;
Penser li plest ; penser li griève.
Amors molt souvent li escriève
Les plaies que faites l'i a ;
Onques enplatres n'i lia.
 Si com li droiz chemins les moine,
Il vienent prés d'une fonteine.
La fonteine iert emmi uns prez ;
Si avoit .I. perron de lez.
Sor le perron, qui est iqui,
Avoit oblié ne sè qui
I. pègne d'ivuire doré.
Onques, dès le tens Ysoré,
Ne vit si gent sages ne fox.
Es dens dou pigne ot des chevox
Cele, qui s'en estoit pigniée :
Plus en i ot d'une poignée.
 Quant la damoiselle aperçoit
La fonteine, et le perron voit,
Si ne velt pas que cil la voie ;
Eins se mest en une autre voie.
Et cil qui se délite et pest
De son penser, qui molt li plest,
Ne s'aperçoit mie si tost
Qu'ele hors de son chemin l'ost.
Mès quant s'en est aperceuz,
Si crient qu'il ne soit déceuz,
Qu'il cuide qu'ele guenchisse,
Et que fors de son chemin isse
Por eschever aucun péril.
— Estez, Damoisele ! fit-il ;
N'alez pas bien ; venez de ça !

Onques, ce cuit, ne se dreça
Qui hors de son chemin issi. »
— Sire, nos iromes par ci,
Fet la pucele, bien le sai. »
— Et cil li respont : je ne sai,
Damoisele, que vos pensez ?
Mes vos poez veoir assez
Que c'est li droit chemin batuz,
De qui je me sui embatuz.
Je ne torneré autre sen ;
Se il vos plest, venez vos en,
Que g'irai ceste voie adès. »
  Lors s'en vont tant qu'il vienent prè.
Dou perron, et voient le pigne.
— Onques certes dont me sovigne,
Fet li Chevalier, mès ne vi
Si bel pigne com je voi ci. »
— Donez le moi, fit la pucele. »
— Volentiers, fit-il, Damoisele. »
Atant elle les chevox remire,
Et cele s'en comence à rire.
Et quant cil la vit, si li prie
Por coi ele a ris qu'el li die.
— Cele respont : tesiez vos en,
Ne vos en dirai rien oen. »
— Por coi ? fit-il — Que je n'ai cure. »
  Et quant cil l'ot, si la conjure,
Come cil qui ne cuide mie
Qu'amie à ami n'est pas amie,
Quant ele parjure à nul fuer :
— Se vos riens nule amez de cuer,
Damoisele, de par celui
Vos requier, et conjur, et pri
Que vos plus ne le me celez. »
— Ha ! sire, trop me conjurez,

C'est pigne, (sé onques soi rien)
Fet la Reine; je l'sai bien.
Et d'une chose me créez,
Que li chevel, que vos véez
Si bel, si cler et si luisant,
Qui sont remès entre les dens,
Dou chief de la Reïne furent :
Onques en autre pré ne crurent. »
— Et le chevaliers dist : par foi !
Assez sont Reïnes et Roi.
De la quele volez vos dire? »
— Et cele dist : par foi ! biau Sire,
De la fame le roi Artu. »
Quant cil l'ot, n'ot pas de vertu
Que tot ne l' convenist plessier
Devant en l'arçon de la sele.
Et quant ce voit la Damoisele,
S'ele ot poor, ne l'en blamez,
Qu'ele cuida qu'il fust pamez.
Au cuer avoit si grant doulor
Que la parole et la coulor
Ot une grant pièce perdue.
Et la pucele est descendue ;
Si cort, quanque ele pot corre,
Por lui soutenir et secorre.
Si s'est de voir dire getée,
Et dist, come bien afétiée :
Sire, je ving le pigne querre;
Por ce sui descendue à terre. »
Cil qui velt qu'ele le pigne ait,
Li done et les chevox en trait
Si soef que nul n'en déront.
Jamès œil d'ome ne verront
Nule chose si ennorer.
Il les commence à aorer,

Et en .c. mile fois les touche
Et à ses euz, et à sa bouche.
A merveille se tient à riche;
En son sein, près dou cuer les fiche,
Entre sa chemise et sa char :
Qu'il n'en prendront chargié .i. char
D'esmeraudes ne d'escharboucles.
Jamès ne cuide que raoucles,
Ne fievre, ne nul mal le tieigne.
Diamargariton desdeigne,
Ne ne prise nus tyriacles,
N'ansinc Saint Martin ne Saint Jacques ;
Car en cheveus tant se fie,
Qu'il n'a mestier de lor aïe.
Mès quel estoient cil chevol ?
Que por mençongier et por fol
Me tendroiz, si le voir en di.
Quant la foire iert pleinne au Landi,
Et il a i aura plus à voir,
Ne voldroit il pas tout avoir
Le chevaliers (c'est voirs provez)
S'il n'eust les cheveus trovez.
Et si le voir m'en requérez,
Or .c. mile foiz esmérez
Et puis autretant foiz recuiz,
Fust plus oscurs que n'est la nuiz
Anvers le plus bel jor d'esté,
Qui ait en tout cest tant esté.
Qui l'or et les chevox veist,
Si que l'un l'autre lez meist,
Dire peust veraiement
Que l'or fust au chevoz néent.
 Mès per quoi feroi je lonc conte :
La Damoisele tost remonte
A tout le pigne qu'ele emporte.

Et cil se délivre et déporte.
Ès cheveus qu'il a en son sein.
　Une forest après .I. plein
Trovent, et vont parmi la broce.
Tant que la voie lor estrece ;
S'estuet l'un avant l'autre aler,
Qu'en n'i pooit mie mener
Por riens .II. chevaux coste à coste.
La pucele devant son oste
S'en va molt tost la voie droite.
Et la où la voie est plus droite
Voient .I. chevalier venant.
La Damoiselle maintenant,
De si loing come ele vit,
L'a coneu et si a dit :
Sire Chevaliers, vééz vos
Celui qui vient encontre nos ?
Il m'aime et ne fet pas que sages.
Et par lui et par ses messages
M'a praié, molt a lonc tens.
Mais m'amor li ai endeffens,
Que per rien emmer ne l' poiraie.
Si m'aist Dex, ainz m'ociroie
Que je l'amasse en nul endroit.
Je sai bien qu'il a orendroit
Si grant joie et tant si délite,
Com si m'eust ja toute quite.
Mès or verré que vos feroiz ;
Or i parra se preux seroiz.
Si vos me poez garantir,
Donc dirai je bien sans mentir
Que preuz estes et molt valez. »
— Et cil respont : alez ! alez ! »
(Ceste parole autant vaut
Com se il deist : poi m'en chaut !

Que por néent vos esmaiez
De chose que dite m'aiez. »
Con que il vont issi parlant,
Et cil ne venoit mie lent ;
Li chevaliers, qui venoit seus,
Le grant cors venoit encontre eus.
Car por beneuré se claime,
Quant la rien voit, que il plus aime.
Tot meintenant que il l'aproche,
De cuer la salue et de bouche,
Et dist : — La riens, que je plus vueil,
Dont mains ai joie, et plus me deuil,
Soit bien viegnanz dont ele viegne ! »
N'est mie droit que cele tieigne
Vers lui sa parole si chière,
Qu'ele ne li rende arière
Au mains de bouche son salu.
Molt a au chevalier valu,
Quant la pucele le salue,
Qui sa bouche pas ne palue,
Ne ne li a néent costé.
Et sé cil eust bien jousté
Lores à .I. tornoiement,
Ne se prisast il mie tant,
Ne ne cuidast avoir conquis
Ne tant de loz ne tant de pris.
Por ce que plus s'en aime et prise,
L'a par la resne dou frein prise,
Et dist : — Or vos emmerré gié :
Molt ai or bien et droit nagié,
Et a molt boen port sui arivez !
Or sui ge tous deschaitivez ;
De péril sui venuz à port,
De grant ennui à grant déport,
De grant dolor à grant senté.

Or ai toute ma volenté,
Qu'en tel manière vos truis,
Qu'avec moi mener vos en puis,
Or endroit que n'i aurai honte. »
— Et cele dit : Riens ne vos monte,
Que cest chevaliers me conduit. »
— Certes, ci à mauvès conduit,
Fet il, qu'adès vos en maing gie :
.I. mui de sel auroit rungié
Cest chevaliers, si com je croi,
Einçois qu'il vos aquit vers moi.
Ne cuit cent chevaliers veisse
Vers mi, je ne vos conquisse.
Et quant je vos truis à en èse,
Ne qui que li plest et desplese,
Vos emmerai, voiant ses euz,
Sé en face trestot son meuz. »
 Li autres de rien ne s'aïte
De tot l'orgueil, qu'il li ot dite :
Mès sans orgueil et sans dotance,
A chalengier là li commence,
Et dist : — Vassal, trop vos hastez.
Vos paroles porquoi gastez ?
Mès parlez .I. poi à mesure.
Ja ne vos iert vostre droiture
Tolue, quant vos li auroiz.
Par mon conduit, vos li sauroiz,
Est ci la pucele venue.
Laissiez la : trop l'avez tenue.
Encor n'a été de vos garde. »
 Et cil otroia que l'en l'arde,
S'il ne enmaine maugré suen.
Et cil dit : — Ne seroit pas boen,
Sé mener la vos en lessoie ;
Sachiez ençois m'en combatroie.

Mès sé noz bien le volions,
Combattre ne nos porrions
En cest chemin por nule peine.
Mès alons en voie bien pleine. »
— Et dit : Certes, bien m'i acort ;
De ce n'avez vos mie tort :
Que cest chemins est trop estraiz.
Ja est mes chevaux si estraiz,
Eincois que je torner le puisse,
Que je crien qu'il se brist la cuisse ;
Ne de rien ni est empiriez.
Certes, fit il, molt sui iriez
Qu'entrencontré ne nos somes
En place lée, devant homes ;
Que bel me fust, sé l'en veist
Lequel de nos meux le feist.
Mès or venez ; si l'irons querre.
Nos troverons près de ci terre
Toute délivre, et grant, et lée. »
  Lors s'envont jusqu'à une prée.
En cele prée avoit puceles,
Et chevaliers, et damoiscles,
Qui jooient à pluseurs geus,
Por ce que biaus estoit li jeus.
Li un au dez, li autre au sen :
A la mine i rejooit en :
A ces geus li plusor jooient.
Li autre, qui ilec estoient,
Redemenoient lor enfance
En baux, et queroles, et dances.
Il chantent, et tumbent, et saillent,
Et à luitier se retravaillent.
  .I. chevaliers auques d'aé
Estoit de l'autre part dou pré
Sor .I. cheval d'Espaigne for ;

S'avoit lorain et sele d'or :
Si estoit de chanes mellez.
Une main à .I. de ses lez
Avoit par contenance mise ;
Por le biau temps avoit chemise :
Si esgardoit les geus divers.
A son col ot .I. mantel pers
D'escarlate, et devant entier.
De l'autre part lez .I. sentier
En avoit jusqu'à vingt et trois
Armez sor lor chevaux trois.
Tantot com li troi lor sorvienent,
Tuit de joie fère se tiennent,
Et crient tuit parmi les prez :
— Véez le chevalier, véez,
Qui fu menez sor la charete !
N'i ait mès nus qui s'entremete
De joer, tant come si iert !
Dahe ait, qui joer vos quiert ! »
 A ices dis, evos venu
Devant le chevalier chenu
Celui, qui la pucele amoit
Et por soe la chalenjoit,
Si dist : — Sire, molt ai grant joie,
(Et qui le velt oïr, si l'oïe !).
Que Dex m'a la chose donée
Que j'ai tous jors plus désiriée.
Dex ne m'eust pas tant doné
S'il m'eust fet Roi coroné ;
Ne si bon gré ne l'en seusse,
Ne tel gaaing fet n'i eusse,
Que cist gaainz est biaus et boens. »
— Je ne sai encor s'il est tuens,
Fet le chevalier à son fil. »
— Tot maintenant, li respont cil :

Ne savez, ne véez vos donques?
Por Deu, Sire, n'en doutez onques
Que vos véez que je le tieing.
En cel forest, dont je vieing,
L'encontrai hui, qu'ele venoit.
Je cuit que Dex la m'amenoit;
Si l'ai prise come la moie. »
— Ne sès encor sé cil l'otroie,
Que je voi venir après toi:
Chalongier la te vient ce croi. »
 Entre ses diz et ces paroles
Furent remèses les queroles
Por le chevalier, que il virent;
Ne que ne joie plus ne firent,
Por mal de lui et por despist.
Et le chevalier sanz respist
Vint molt tost après la pucele
Et dist: — Laissiez la damoiselle,
Chevalier! car n'i avez droit.
Sé vos osez, tout orendroit
La deffendrai vers vostre cors. »
— Et li velz chevaliers dist lors:
Don ne le savoie je bien,
Biaus fius! ja plus ne la retien
La pucele; mès lesse li. »
A celui mie n'embeli;
Einz jure qu'il n'en rendra point
Et dist: — Ja puis Dex ne me doint
Joie, que je la li rendrai!
Je la tieing, et si la tendrai
Come la moie chose lige.
Einz iert de mon escu la guige
Rompue, et toutes les enarmes;
Ne en mon cors, ne en mes armes
N'aurai ja puis point de fiance!

Molt avez or dit grant enfance,
Que je li lesseré m'amie. »
Et cil dist : — Ne te lerai mie
Combattre, por rien que tu dies.
En ta proesce tant te fies ;
Mès ne vueil, ne ne voldrai hui
Que te combates à cestui. »
Et cil respond : — Honiz seroie,
Sé je vostre conseil creoie.
Mai dahe ait, qui vos crerra,
Et qui por vos s'en retrera !
Bien sai qu'en .I. estrange leu
Puisse meuz fère mon preu.
Ja nul, qui ne me coneust,
De mon voloir ne me veust ;
Et vos m'en grévez et nuisiez.
De tant en sui je plus iriez,
Por ce que blasmé le m'avez.
Car qui blame, bien le savez,
Son voloir à home n'à femme,
Plus en art et plus en esflame.
Mès sé je riens por vos en lès,
Dex joie ne me doint jamès !
Einz mi combatré, mau gré vostre. »
— Foi que doi saint Pere l'apostre !
Fet li pères, or voi ge bien
Que preière ne m'i vaut rien.
Tout pert quanque je te chati :
Mès je t'auré molt tost bati
Tel plet, que mal ait grè tuen,
T'estuera fère tot mon boen ;
Car tu en seras au desouz. »
Tout maintenant apele touz
Les chevaliers, qui à lui vieignent :
Si lor prie que il li tieignent

Son fil, qu'il ne puet chastier.
Et dit : — Je te feré lier,
Eins que combatre te lessasse.
Vos estes tuit mi home à masse ;
Si me devez porter grant foi.
Sor quant que vos tenez de moi,
Je vos comant et pri ensemble,
Grant folie fet ce me semble,
Et molt li vient de grant orgueil,
Quand il desdit ce que je vueil. »
 Tuit li dient qu'il le prendront :
Ne ja puis que il le tendront,
De combattre ne li tendra
Talent. Issi le convendra
Maugré suen la pucele rendre.
Lors le vont tuit à masse prendre
Et par les braz et par le col.
— Don ne te tiens ore por fol ?
Fet li pères. Reconois voir,
Or n'as tu force ne pooir
De combatre ne de jouster,
Que qu'il te doie coster.
Ce que me plest et que me sièt,
(Que que il t'ennuit ne ne grièt)
Octroie ; si feras que sages.
Et sez tu quex est mes corages,
Por ce que mendres soit tes diaux ?
Moi et toi sivrons sor nos chevaux
Le chevalier hui et demain,
Et par le bois et par le plein,
Chascuns avec cheval amblant.
De tel estre et de tel semblant,
Le porrons nos nos demain trover.
Que je t'i lèré esprover
Et combatre à ta volenté. »

Lors li a cil acréanté,
Maugré suen, que il meuz ne puet,
Com cil qui plorer en estuet,
Dit qu'il s'en soferra por lui;
Mès qu'il le sivront ambedui.
 Et quant ceste aventure voient
Les gens, qui par le pré estoient,
Se dient tuit : — Avez veu ?
Cil, qui sor la charete fu,
A ci conquise tele honor
Que l'amie au fiuz de mon seignor
En maine et le sueffre misires !
Par vérité poons nos dire
Qu'aucun bien cuide qu'il i ait
En lui, quant mener la li lait.
Et cent dahez ait, qui mesui
Lessera à joer por lui !
Ralons joer. » Lors si commencent
Lor geus, et querolent, et dencent.
 Tantost li chevalier s'en torne ;
En la prée plus ne séjorne.
Mès après lui pas ne remaint
La pucele, qu'il ne l'enmaint.
Andui s'en vont a grant besoing;
Le fiuz et li pères de loing
Le sivent par le pré fauchié:
S'ont jusques none chevauchié.
 Cil truevent en .I. leu molt bel
.I. mostier, et lez le chancel
Un cimitire de mur clos.
Ne fist que vileins ne que fos
Le chevaliers, qui el mostier
Entra à pié por Deu prier.
Et la Damoisele li tint
Son cheval ; tant que il revint,

Quant il ot fete sa priere.
Et il s'en revenoit arrière ;
Si li vint droit .I. moines veuz
A l'encontre, devant les euz.
Quant il l'encontre, si li prie
Molt doucement que il li die
Que ce estoit, que ne savoit.
Et cil respont qu'il i avoit
.I. cimitire ; et il li dist :
— Menez mi, sé Dex vos eist. »
— Volentiers, Sire. » — Lors l'i moine.
Le chevaliers après le moine
Entre, et voit les plus belles tombes
Qu'en poist trover jusque à Londres,
Ne de là jusqu'à Panpelune.
Et avoit letres sor chascune,
Qui les nons de ceis devisoient,
Qui dedenz les tombes gisoient.
Et cil meismes tire à tire
Commença les lettres à lire ;
Et trova ci Gerart Gauchier,
Ci Alois et ça Gautier ;
Après ces trois ja mellez
Des nons des chevaliers aslez
Des plus prisiez et des meillors,
De cele terre ne d'aillors.

 Entre les autres une en treuve
De marbre, qui semble .I. muele,
Sor toutes autres riche et bele.
Li chevaliers le moine apele,
Et dist : — Ces tombes, qui ci sont,
De coi servent ? — Et cil respont :
— N'avez vos les letres leues ?
Sé vos les avez entendues,
Donc savez vos que eles dient,

Et que les lettres sénéfient. »
— Et cele grant là, car me dites
De coi sert ele ? » — Et li hermites
Respont : — Je l' vos dirai assez.
C'est .I. vessiau, qui a passez
Tous ceux qui oncques furent fèz.
Si riche ne si bien portrèz
Ne vit onques ne je, ne nus :
Biaus est défors et dedenz plus.
Ele est d'une lemme coverte.
Et sachiez, que c'est chose certe,
Qu'au lever convendroit VII homes
Plus forz que moi et vos ne somes.
Et lestres escrites i a
Qui dient que cil qui levera
Ceste lemme sus par son cors,
Jetera cils et celes hors,
Qui sont en la terre en prison,
Dont ja nus serf ne nus frans hom
N'itra, dès qu'il i est tornez.
N'encor n'en est retornez :
Li estrange prison i tiennent.
Cil dou païs i vont et vienent
Et enz et hors, à leur plesir »
Tantost vest la leme sesir
Li chevaliers, et si la liève
Si que de néent ne se griève.
Et le moines s'en esbahi,
Si qu'à bien près qu'il ne chéi,
Quant veu ot ceste merveille ;
Car il ne cuidoit sa pareille
Vooir en trestoute sa vie.
— Et dist : Or ai si grant envie
Que je seusse vostre non.
Sire, diroiz le vos ? — Je non,

Fet li chevaliers, par ma foi ! »
— Or sachiez bien ce poise moi.
Mès se vos le me disiez,
Grant cortoisie feriez :
S'i porriez avoir grant preu.
Dont estes vos? et de quel leu ?
— Uns chevaliers sui, ce véez
Dou réaume de Logres nez :
Atant en vodrai estrai quites.
Et vos, sé vos plest, me redites
En cele tombe qui girra ? »
— Sire, cil que délivrera
Tous cils, qui sont pris à la trape
El réaume dont nus n'échape. »

Et quant il li ot tot conté,
Le chevaliers l'a comandé
A Deu et à trestous ses sainz.
Et lors est, c'onques ne pot einz,
A la Damoiselle venuz.
Et li veuz hermites chenus
Hor de l'église le convoie :
Et cil se mestent à la voie.

Meintenant cil qui le sivoient
Vienent tost; si treuvent et voient
Le moine seul devant l'église.
Li velz chevaliers en chemise
Li dist : — Sire, veistes vos
.I. chevalier, dites le nos,
Qui une Damoisele meine ? »
Et cil respont : — Ja ne m'iert peine
Que tout le voir ne vos en cont ;
Car or endroit de ci s'en vont.
Et li chevaliers fu léenz :
Et si a fet merveilles granz ;
Car touz seus la lemme leva,

C'onques de riens ne si greva
Desus la grant tombe marbrine.
Il vet secorre la Reïne;
Et il la rescorra sans doute,
Et avec lui l'autre gent toute.
Vos meismes bien le savez,
Qui sovent leues avez
Les lettres qui sont sor la lamme.
Onques voir d'ome ne de fame
Ne nasqui, n'en sele ne sist
Chevaliers, qui cestui vausist. »
Et lors dist le père à son fil :
— Fiuz, que t'en semble? don n'est-il
Molt preuz, qui a fet tel effort?
Or sez tu bien qui fu le tort?
Bien sez se il fu miens ou tuens :
Je ne volsisse por Amiens
Qu'à lui te fusse combatuz,
Si t'en ies tu molt débatuz,
Einz que t'en peusse destourner.
Or nos en poons retorner,
Que grant oiseuse ferions,
Sé en avant le sivions. »
Et cil respont : — Je l'otroi bien.
Li sivre ne nos vaudroit rien.
Dès qu'il vos plest, ralons nos en. »
Dou retorner ont fait grant sen.

 Et la pucele toute voie
Le chevalier de près convoie.
Si le velt fere à lui entendre,
Et le non velt de lui aprendre.
Si li requiert qu'il li die;
Une foiz, et autre li prie,
Tant qu'il li respont par ennui :
— Ne vos ai-ge dit que je sui

Dou réaume le roi Artu ?
Foi que doi Deu et si vertu,
De mon non ne sauroiz vos point ! »
Lors li dist cele qu'il li doint
Congié ; si s'en ira arrière :
Et il li donc à bele chière.
 Atant la pucele s'en part ;
Et cil entent que fu molt tart
A chevauchier sans compeignie
Après vespres, en droit complie.
Sé com il son chemin tenoit,
Vit .I. chevalier qui venoit
Dou bois où il avoit chacié.
Cil avoit le hiaume lacié ;
Vint encontre le chevalier ;
Si li prie de herbergier :
— Sire, fet il, nuiz iert par tens ;
De herbergier est imes tens ;
Si devez fère par reson.
Et j'é une moie meson
Ci près, où je vos merré ja :
Hom melz ne vos herbergera,
Selon mon pooir, que je ferai.
S'il vos plest, molt liez en serai. »
— Ore en sui molt liez, fet il. »
 Avant envoie son fil
Li vavasors tot meintenant,
Por fère l'ostel avenant,
Et por la cuisine haster.
Li vallez sanz plus arester
Fet tantost son comandement
Molt volentiers et liéement.
Le vavasors avoit à fame
Une bien afetié dame,
Et .V. fiuz qu'il avoit molt chiers.

Trois vallez et deus chevaliers,
Et .II. filles gentes et beles,
Qui encore estoient puceles.
N'ièrent pas de la terre né ;
Mès il i estoient enserré ;
Et prison tenu i avoient
Molt longuement : et si estoient
Dou réaume de Logres né.
  Li vavasors a amené
Le chevalier dedenz sa cort.
La dame à l'encontre li cort,
Et li fil et les filles saillent ;
Por lui servir tuit se travaillent ;
Si le saluent et descendent.
A lor signor guères n'entendent
Ne les serors ne les .v. frères ;
Car bien savoient que lor père
Voloit que issi le feissent.
Molt l'ennorent et conjoïssent :
Et quant il l'orent désarmé,
Son mantel li a afublé
L'une des filles à son oste ;
Au col li mest, et dou suen l'oste.
S'il fu bien serviz au souper,
De ce ne quier je ja parler.
Et quant ce vint après mengier
Onques puis n'i ot fet dangier
De parler d'afères plusors.
Premièrement li vavasors
Commença son oste à enquerre
Qui il estoit et de quel terre ;
Mès son non ne li enquist pas.
Et il respont isnele pas :
— Dou réaume de Logres sui :
Onc mès en cest païs ne fui. »

Et quand le vavasors l'entent,
Si s'en merveille durement,
Et la fame et li enfant tuit :
N'i a .i. seul qui il n'ennuit.
Si li comencèrent à dire :
— Tant mar i fustes, biaus douz Sire !
Tant granz domages est de vos :
Or seroiz vos, ausi com nos,
En servitute et en essil. »
— Et dont estes vous dons, fet il ? »
— Sire, de vostre terre somes.
En ceste païs a mains des homes
De vostre terre en servitute.
Malaïte soit la coustume
Et celz avec, qui la meintienent !
Car nul estrange ça ne vienent
Que remanoir ne lor convieigne,
Et que la terre nes detieigne.
Car qui se velt entrer i puet ;
Mès à remanoir li estuet.
De vos meismes est or pès ;
Vos n'en iroiz, ce cuit, jamès. »
— Si ferai, fet il, se je puis. »
Le vavasors li respont puis :
Coment ! cuidiez en vos issir ?
— Oïl, se Deu vient à plesir.
Car j'en ferai mon pooir tout.
Donc en istroient sanz redout
Trestuit li autre quitement ;
Car, puis que li uns léaument
Irra fors de ceste prison,
Tuit li autre sanz mesprison
En porront issir sans deffense. »
A tant le chevalier se pense
Qu'en li avoit dit et conté

C'uns chevaliers de grant bonté
El païs à force venoit
Por la Reïne, que tenoit
Méléaganz le fiz le Roi.
— Certes, fet il, je pense et croi
Que ce soit il : dirai li donques. »
Lors li dist : — Ne me célez onques,
Sire, rien de vostre besoigne
Par tel covent que je vos doingne
Conseil, au meuz que je sauré.
Le meismes preu i auré,
Sé vos bien fère le volez.
La vérité me desnoez
Por vostre preu et por le mien.
En cest païs, ce crois je bien,
Estes venuz por la Reïne
Entre cele gent sarradine ? »
— Onques n'i vieng por autre chose.
Ne sai où ma Dame est enclose :
Conseilliez moi, sé vos savez. »
Et cil dit : — Sire vos avez
Emprise voie molt grévaine.
La voie, où vos alez, vos maine
Au pont de l'espée tout droit.
Conseil croire vos convendroit ;
Sé vos croire me voliez,
Au pont de l'espée iriez
Par une plus seure voie.
Et je mener vos i feroie. »
Et cil qui la meillor convoite :
— Est-ele, dist-il, aussi droite
Come ceste voie de ça ? »
— Nenil, fet-il, einçois ja
Plus longue voie et plus seure. »
Et cil dit : — De ce n'é ge eure.

Mes en ceste me conseilliez. »
— J'en sui, fet il, apareilliez.
Mès ja, ce cuit, n'i auroiz preu,
Sé vos n'alez par autre leu.
Demain vendroiz à .I. passage,
Où tost porroiz avoir domage.
S'a non le passage des pierres.
Volez que vos en die guères
Dou passage, come il est maus?
Ne peut passer c'uns seus chevaux.
Dui lez à lez n'iroient pas,
Ne dui home; et li trespas
Est bien gardez et deffendus.
Ne vos sera mie rendus. »
 Et quant il li ot ce retrèt,
.I. chevaliers avant se trèt
Qui estoit fuiz au vavasor,
Et dist : — Sire, avec cest seignor
M'en irai, sé il ne vos griève. »
Atant .I. des vallez se liève
Et dist : ausinc i irai gié. »
Li pères en done congié
Molt volentiers à ambedeus.
Or ne s'en ira mie seus
Li chevaliers; ses en mercie
Qui molt aime leur compeignie.
A tant les paroles remainent;
Li chevalier couchier emmainent.
En dormiz s'est; talent en ot.
Tantost com le jor veoir pot,
Se liève sus : et cil le voient,
Qui avec lui aler devoient.
Si s'en vont et ont congié pris;
Et le vallez s'est devant mis.
 Et tant lor voie ensemble tienent,

Que au passage de pierre viennent
A hore de prime tout droit.
Une bretesche emmi avoit,
Où il avoit .I. home adès.
Einçois que il venissent près,
Cil qui sor la bretesche fu,
Les voit et crie a grant vertu:
— Corez, corez! cist vont por mal! »
Atant evos sor .I. cheval
.I. chevalier souz le bretesche,
Armé d'une armeure fresche;
Et de chascune part serjanz,
Qui tenoient haches tranchanz.
Et quant il au passage aprouche,
Cil la charete li reprouche
En haut et molt vilement.
Et dist : — Vassal, grant hardement
As fet! et si es fous naïs,
Quant entrez iès en cest païs.
Ja home entrer n'i deust,
Qui en charete esté eust.
Ne ja Dex joie ne t'en doint! »
Atant li uns vert l'autre point,
Quant que cheval peuvent aler.
Et cil, qui le pas dut garder,
Peçoie sa lance à estrous.
Qu'ambedeus en chieent les trous.
Et cil en la gorge l'assenne
Trestout droit par dedens la penne
De l'escu; si le giete envers,
De sus la pierres en travers.
Et li serjanz au haches saillent:
Mès à escient à lui faillent;
Qu'il n'ont talent de fere mal
Ne à lui, ne à son cheval.

Li chevaliers aperçoit bien
Qu'il ne l' vuelent grever de rien,
Ne n'ont talent de lui mal fère ;
Si n'a soing de l'espée trère.
Einz s'en passe outre sanz tençon,
Et après lui si compeignon.
Et li uns d'eus à l'autre dit :
— Nus si boen chevalier ne vit,
Qui par ci est passez à force ! »
— Biau sire, por Deu, quar t'efforce,
Fet li chevaliers à son frère :
Tant que tu vieignes à mon père ;
Si le conte ceste aventure. »
Et li vallez afiche et jure
Que ja dire ne li ira,
Ne jamès ne se partira
De tel chevalier, tant qu'il l'ait
Adoubé et chevalier fait.
 Atant s'en vont tout troi à masse,
Tant qu'il pot estre none basse ;
Vers none .I. home trové ont
Qui lor demande qui il sont.
Et il dient : — Chevaliers somes ;
Qui en noz afères alomes. »
Et li home dist au chevalier :
Je vos voldroie herbergier
Vos et voz compeignons ensemble. »
A celui dist, qui meuz li semble
Sire des .II. autres et mestre.
 Et cil li dist : — Ne porroit estre
Que herberjasse à ceste hore ;
Car mauvès est qui se demore,
Et qui s'aise ne repose,
Puisqu'il a emprise grant chose. »
Et li hone li respont après :

Mes hostés n'est mie ci près.
Einz est grant pièce ça avant;
Venir i porroiz par covent
Qu'à droite hore hostel i prendroiz,
Que tart iert quant vos i vendroiz. »
— Et je, fait il, irai adonques. »
A la voie se mestent doncques.
 S'ont .I. escuier encontré,
Einz qu'eussent guères alé :
Et venoit par icel chemin
Les grans galoz sor .I. roncin
Gras et roon come .I. pome.
Et li escuiers dit à l'ome :
— Sire ! sire ! venez plus tot !
Que cil de Logres sont en ost
Venu sor ceis de ceste terre.
Commenciée est ja la guerre,
Et la tençon et la mellée.
Et dient qu'en ceste contrée
S'est .I. chevaliers embatuz,
Qui en meinz leus s'est combatuz.
Nus ne li puet contretenir
Passage, où si vueile venir,
Que il n'i passe, qui qu'il ennuit.
Et dient en cest païs tuit
Qu'il les délivrera touz
Et metra les noz audesouz.
Or si vos hastez par mon loz. »
 Lors se met li homs ès galos.
Et cil si firent autresi,
Que ausinc l'orent oï :
Car il voudront aidier au lor.
Lors dit le fiuz au vavasor :
— Sire, oëz que dist cest serjans ?
Alons si ! aidons à nos gens,

Que sont mellé à ceis de là. »
Et li hom tout adès s'en va,
Qu'il nes atent; ainçois s'adrece
Molt tost vers une forterece,
Qui sor un mont estoit finée.
Et cort tant qu'il vint à l'entrée,
Et cil après à esperon.
Li bailes est clot environ
De haut mur et de boens fosséz.
Tantost que furent ens entrez,
Si lor lesse l'en avaler,
(Qu'il ne puissent retorner)
Une porte après les talons.
Et cil dient : — Alons ! Alons !
Que ci n'aresterons nos pas. »
Après l'ome plus que le pas
Vont, tant qu'il viennent à l'eissue,
Qui ne lor fu pas deffendue.
Mès meintenant que cil fu hors,
Li lessèrent après le cors
Chooir une porte colant.
Et cil en furent molt dolent,
Qui dedens enserré se voient;
Car il cuident qu'enchanté soient.
Mès cil, dont plus dire vos doi,
.I. anelet avoit ou doi,
Dont la pierre tel force avoit,
Qu'enchantement ne le pooit
Tenir, puis qu'il l'avoit veue.
L'anel met devant sa veue
Et esgarde la pierre. Et si dit:
— Dame ! Dame ! sé Dex m'eist,
Or auroie je grant mestier
Que vos me venissiez aidier ! »
Cele Dame une fée estoit,

Qui l'anel doné li avoit,
Et si le norri en enfance ;
S'avoit en lui molt grant fiance.
Mès il voit bien à son apel
Et à la pierre de l'anel,
Qu'il n'i a point d'enchantement.
Et set trestout certeinement
Qu'il sont enclos et enserré.
 Lors vienent à .I. huis barré
D'une posterne estroite et basse.
Des espées fièrent à masse ;
Fièrent et fièrent des espées,
Que les barres furent coupées.
Quant il furent hors de la tor
Et comencié voient l'estor
Aval les prez molt grant et fier.
Si furent veu .M. chevalier,
Que d'une part que d'autre au mains,
Oltre la tourbe des vileins.
Quand il vindrent aval les prez,
Come sages et atemprez
Le fiuz au vavasor parla :
— Sire, einçois que nos veignons là,
Ferions nos, ce cuit, savoir,
Qui iroit enquerre et là voir
De quel part les noz genz se tiennent.
Je ne sai de quel part il viennent ;
Mès ge irai sé vos volez. »
— Je l' vueil, fit il, tost i alez !
Et tost revenir vos convient. »
 Il i va tost, et tost revient,
Et dit : — Molt nos est bien cheu :
Je ai certeinement veu
Que ce sont li nostre de çà. »
Et li chevaliers s'adreça

Vers la mellée meintenant.
Et vit .I. chevalier venaut ;
Il luite à lui ; si l' fiert si fort
Parmi l'ueil, qu'il l'abat mort.
Et li vallez à pié descent,
Le cheval au chevalier prent
Et les armes, que il avoit :
Si s'en arme bel et adroit.
Quant armez fu, saus demorance
Monte et prent l'escu et la lance,
Qui estoit roide, et grosse, et peinte.
S'ot une espée au costé ceinte
Trenchant, et flambeant, et clère.
En l'estor vet après son frère ;
Après son seignor est venuz,
Qui molt bien si est contenuz
A la mellée, une grant pièce,
Qu'il ront et freint et dépièce
Escuz, et héaumes, et hauhers.
Nes garantist ne fust ne fers,
Qu'il fiert bien, qu'il ne l'afole,
Ou morz jus dou cheval ne vole.
Il seul si très bien le fesoit,
Que trestouz les desconfisoit :
Et cil si bien le refesoient,
Qui avec lui venu estoient.

Mès cil de Logres se merveillent
Qu'il ne l' connoissent ; si conseillent.
De lui au fiuz au vavasor
Tant en demandent li plusor,
Qu'en lor dist : — Seignor, ce est cil
Qui nos getera de péril.
Si li devons grant honor fère,
Quant por nos fors de prison trère
A tant périlleus leus passez,

Et passera encore assez. »
　Quant ceste novele ont oïe,
Molt s'en est lor gent esjoie.
Lors lor croit force et s'esvertuent,
Tant que mains des autres i tuent :
Et, s'il ne fust si près de nuit,
Desconfiz les eusent tuit.
Mès la nuiz si oscure vint
Que départir les en covint.
Au départir tuit li chaitif,
Tout ausi come par estrif,
Environ le chevalier vindrent :
De toutes partz au frein le prinstrent.
Si li comencèrent à dire :
— Bien veignanz soiez vos, Biaus Sire !
Et dist chascuns : — Sire, par foi !
Vos vos herbergeroiz o moi ! »
— Sire, por Deu et por son non !
Ne herbergiez sé à moi non ! »
Et par poi qu'il ne s'en combatent.
A chacun dit qu'il se débatent
De grant oiseuze et de folie :
— Lessiez ester vostre estoutie.
Qu'il n'a mestier n'à moi n'à vos.
Noise n'a mestier entre nos.
Einz devons l'un à l'autre eidier.
Ne vos convient mie à pledier
De moi herbergier par tençon :
Einz devez estre en soupeçon,
— Por coi ? — Que tuit i aiez preu
De moi hébergier en tel leu
Que je sois en ma droite voie. »
Encor dit chascuns toute voie :
— C'est à mon hostel ! — Mès au mien ! »
— Ne dites mie encore bien,

Fet li chevaliers ; à mon los,
Le plus sages de vos est fos.
De ce dont je vos oï pledier,
Vos me deussiez avancier :
Et vos me volez fère tordre.
Sé vos me voliez en ordre
Li uns après l'autre, à devise,
Et tant fère honor et servise,
Com l'en porrait fère à nul home,
(Par touz les sainz qu'en prie à Rome !)
La plus boen gré ne vos sauroie,
Ne plus grant joie n'en auroie
Com j'ai ja et la volenté.
Si me doint Dex joie et santé,
La volenté autant me hete,
Com sé chascuns m'avoit ja fete
Molt grant honor et grant bonté.
Or soit en leu de fès conté. »
 Ainsinc les veint touz et apèse.
Chiés .i. vavasor molt a èse.
El chemin à l'ostel le mainnent ;
De lui servir trestuit se peinent.
Au main, quant vint au desevrer,
Chascuns volt avec lui aler ;
Chascuns se parofre, et presente.
Mès lui ne plest ne atalente
Qu'uns d'eus s'en aut avec lui,
Fors que tant solement li dui,
Qu'il i avoit amenez.
Icilz sans plus en ra menez.
 Ce jor ont dès la matinée
Chevauchié jusqu'à la vesprée,
Qu'il ne truevent nul aventure :
Chevauchent molt grant aleure.
D'une forets molt tost issirent ;

A l'eissir une meson virent.
A uns chevalier. Et sa fame,
Qui molt bien sembloit boenne dame,
Voient à la porte seoir.
Tantost, comme el les pot veoir,
S'est encontre en estant dreciée;
A chière molt riant et liée
Ses salue et dit: — Bien vieigniez:
Mon hostel vueil que vos preigniez;
Herbergiez estes; descendez. »
— Dame, quant vos le comandez,
Vostre merçi, nos descendrons.
Et vostre hostel huimes prendrons: »
Tost descendent; et au descendre
La Dame fist les chevaux prendre,
Qu'ele avoit mesniée molt bele.
Ses fiuz et ses filles apele,
Et chevalier, et filles beles.
As uns comande oster les seles
Aus chevaux et bien atirer.
N'i ot nus qui l'osast véer;
Tuit le firent molt volentiers,
Désarmer fist les chevaliers;
Au désarmer les filles saillent.
Desarmé sont: puis si lor baillent
A afubler deuz corz mantiaus.
A lor hostel, qui molt est biaus,
Les emmainent isnele pas;
Mes lor hostes n'i estoit pas.
Einz iert en bois, et avec lui
Estoïent de ses fiuz li dui.
Mès il vint lors et sa mesniée,
Qui molt estoit bien aféliée,
Saut contre lui devant la porte:
La venoison, que il aporte,

Molt tost destroussent et deslient.
Et si li recontent et dient :
— Sire, Sire, vos ne savez !
Trois chevaliers ennuit avez. »
— Dex en soit aorez, fit-il ! »
Li chevaliers et si dui fil
Font a lor hostes molt grant joie.
La mesniée n'estoit pas coie ;
Cil corent le mengier haster,
Et cil les chandeles gaster ;
Si les alument et esprenent.
Les toailles, le bacins prenent ;
Si donent l'eve au mains laver ;
De ce n'estoient mie aver.
Tuit lavent ; si vont aseoir.
Riens, qu'en peust séenz veoir,
N'estoit chariable ne pesanz.

A premier mez vint .I. presenz
D'un chevaliers, à l'uis de fors,
Plus orgueilleux que n'est .I. tors,
Qui est molt orgueilleuse beste.
Cil dès le pié jusqu'en la teste
Sist toz armez sor .I. destrier :
De l'une jambe en son estrier,
Fu afichiez ; et l'autre ot mise
Par contenance et par cointise
Sor le col dou destrier crenu.
A tele evos issi venu,
C'onques nus garde ne s'en prist :
Tant qu'il vint à els et lor dist :
— Le quex est ce, savoir le veuil,
Qui a tant folie et orgueil,
Et de cervel la teste vuide,
Que en cest païs vient et cuide
Au Pont de l'Espée passer ?

Por néent s'est venuz lasser ;
Por néent à ses pas perduz. »
Et cil qui ne fu esperduz ,
Molt seurement li respont :
— Je sui qui veuil passer au pont. »
— Tu? tu coment l'osas penser?
Einz , te deusses porpenser ,
Que tu enpreisses tel chose,
A quel fin et à quel parclose
Tu en porraies parvenir.
Et bien te deust sovenir
De la charete où tu entras !
Ce ne sai-ge, sé tu honte as
De ce que tu i fus menez :
Mès ja nus, qui fust bien senez ,
N'eust si grant afère empris,
Qui de tel blasme fust repris. »
A ce que cil dire li ot,
Ne li deigne respondre mot.
Mes li sires de la meson,
Et tout li autre par reson
Se merveillent à desmesure.
— Ha Dex! com grant mesaventure !
Fet chascuns d'eis à lui meismes.
L'ore, que charete fut primes
Pensée et fete, soit maudite !
Car molt est vil chose et despite.
Ha Dex! de coi fu il retez?
Et por coi fu il charetez?
Por quel péchié, por quel meffet
Li est cest mal touz jorz retret? »
Ce disoient communalement.

 Et cil molt orgueilleusement;
La parole recomença ,
Et dist : — Chevalier, entent ça,

Qu'au Pont de l'Espée vas,
Sé tu veus, l'eve passeras
Molt legièrement et soef.
Je te feré à une nef
Molt tost outre l'eve nagier.
Mès si je te veuil paagier,
Quant de l'autre part te tendrai,
Sé je vuel, ta teste prendrai;
Et dou tout en ma mercie iert. »
Cil li respont mie ne quiert
Avoir tele mesaventure.
Ja sa teste en ceste aventure
N'iert mise, por nes .I. meschief.
Et cil li respont de rechief :
— Dès que tu fère ce ne veus,
Qui qu'en soit honte ne qui deus,
Venir te convendra là fors
A moi combatre cors à cors. »
Cil respont por lui amuser :
— Sé je l' pooie refuser,
Molt volentiers m'en sofferoie :
Mès einçois me recombatroie,
Que noanz fère m'esteust. »
Et einçois qu'il se meust
De la table, où il séoit,
Dist au vallet, qui les servoit,
Que la sele tost li meist
Sor son cheval, et si preist
Ses armes, et li aportassent.
Et il de tost fère se lassent;
Li un de lui armer se peinent;
Li autre son cheval ameinent.
Et sachiez ne resembloit pas
(Si come il s'en aloit le pas,
Bien armez de toutes ses armes,

Et tient l'escu por les enarmes,
Et sor son cheval fu armez)
Qu'il deust estre mescontez
Entre les biaus, n'entre les boens.
Bien sembloit que ce fust cuens,
Li chevaux tant li avenoit
Et li escuz, que il tenoit
Par les enarmes embracié.
S'ot el chief .I. hiaume lacié,
Qui estoit tant bien asis,
Qu'il ne fust à nului avis
Qu'emprunté n'acreu l'eust.
Einz deissiez, tant vos pleust,
Qu'il fust issi nez et creuz ;
De ce voldrais estre creus.

Hors de la porte, en .I. lande,
Qui l'asemblement tot amande,
Où la bataille estre devoit,
Tantost com li uns l'autre voit
Point li uns vers l'autre à bandon.
Si s'entrevienent de randon ;
Et des lances tex coux se donent
Qu'eles plaient, et arconent,
Et ambeduis en pièces volent.
As espèes les escuz dolent ;
Et les hiaumes, et les haubers
Tranche li fuz et ront li fers :
Si que en plusors leus se plaient.
Par ire tex coux s'entrepaient,
Com s'il fussent fet à covent.
Mès les espées molt sovent
Jusque au cors des chevaux colent :
Del sanc s'abroivent et saolent ;
Quar jusque au flans les enbatent ;
Si qu'ambedeus morz les abatent.

Et quant il sont chius à terre,
Le uns vet l'autre à pié querre;
Et s'il de mort s'entrehaïssent :
Ja por voir ne s'entrevaïssent
As espées plus crielment.
Plus se fièrent menuement
Que cil, qui met deniers sor mine,
Qui de joer onques ne fine
A toutes failles deus et deus.
Mès molt parest autres cist geus,
Qu'il n'i avoit nule faille,
Mès coux et molt fière bataille,
Molt felenesse et molt cruel.

   Tuit furent issis de l'ostel,
Sire, Dame, filles et fil;
Que n'i remeint ne cel ne cil,
Ne li privé, ne li estrange.
Einz estoient trestuit à trenche
Venu, par veoir la mellée
En la lande, qui molt est lée.

   Le chevaliers de la charete
De mauvestié se blasme et rete,
Quant voit son oste, quï l'esgarde;
Et des autres se reprent garde,
Qui l'esgardèrent tuit ensemble.
D'ire trestous li cuers li tremble
Qu'il deust, (ce li est vis,)
Molt grant pièce a, avoir conquis
Celui, à qui il se combat.
Lors le fiert si qu'il li enbat
Molt près l'espée de la teste.
Si l'envaïst come tempeste;
Car si l'enchauce et argue
Que la place li a tolue.
Si le passe, et tel le conroie

Qu'il n'i lesse laz ne corroie,
Que ne li rompe : et le coler
Si li fet le heaume voler
Dou chief, et chooir la ventaille.
Tant l'empreint, tant le travaille
Qu'à merci venir l'estuet,
Come l'aloë qui ne puet
Devant l'esmérillon durer ;
Ne ne se set où aseurer,
Puisqu'il la passe et sormonte.
Ausinc cil à toute sa honte
Li vet requerre et demander
Merci, qu'il ne l' puet amander.
Et quant il l'ot qu'il li requiert
Merci, plus ne l' touche ne fiert.
Einz dit : — Veus tu merci avoir ? »
— Molt avez or dit grant savoir,
Fet il ; (se devroit dire foux !)
Onques riens nule tant ne vols,
Com je faz merci or endroit. »
Cil respont : — Il te covendroit
Sor une charete monter ;
Ou à néent porras conter
Quontque tu dire me sauroies,
S'en la chareste me montoies,
Por ce que tant fole bouche as,
Qui vilment la me reprochas. »
Le chevaliers lors li respont :
— Ja Deu ne place que g'i mont ! »
— Non ? fet il : et vos i morroiz »
— Sire, bien fère le porroiz :
Mès, par Dam le Deu ! vos demant
Merci : mès que tant solement
En chareste entrer ne doie.
Nus plez n'est à cui ne m'otroie,

Fors cestui, tant soit grief ne fort.
Meuz vodroïe cent fois estre mort. »
Com que cil merci li demande,
Atant esvos parmi la lande
Une pucele l'ambleure,
Séant sor une fauve mure,
Désafublée et delliée.
Et si tenoit une corgiée,
Dont la mure donoit grant coux.
Et nus chevaux les grans galos,
Por vérité, si tost n'aloit
Com la mure plus tost ambloit.
 Au chevalier de la charete
Dist la pucele : — Dex te mette
Chevalier, joie el cuer perfete
De la riens que plus te délete ! »
Cil qui volentiers l'a oïe.
Li respont : — Dex vos béneie,
Puceles, et doint joie et santé ! »
Lors ot celé sa volenté.
— Chevalier, fit ele, de loing
Sui ça venue à grant besoing
A toi por demander .i. don,
En mérite et en guerredon
Si grant com je te porrai fère ;
Que tu auras encore à fère
De moi issi, come je croi. »
Et cil li respont : — Dites moi
Que vos volez ? Et si je l'ai,
Avoir la porroiz sans délai ;
Mès que ne soit chose trop griès. »
Et cele dist : — Ce est le chiès
De ce chevalier, que tu as
Conquis par force. On ne trovas
Si felon, ne si desloial.

Ja ne feras péchié ne mal ;
Einçois sera aumosne et biens,
Que c'est la plus desloiaus riens
Qu'onques fust, ne jamès soit. »
 Et cil, qui touz veincus estoit,
Ot qu'elle velt, et qu'il l'ocie :
Si li dist : — Ne la croirré mie,
Qu'ele me het : mès je te pri
Que tu aies de moi merci,
Por ce Deu qui fiuz est et père,
Et qui de cele fist sa mère
Qui estoit sa fille et s'ancele. »
— Ha ! Chevalier, fet la pucele,
Ne croirré pas ce traitor.
Que Dex te doint joie et honor,
Si grant com tu puez convoitier !
Et si te doint bien esploitier
De tout ce que tu as enpris ! »
 Or est le chevalier si pris
Qu'an penser demore et areste,
Savoir s'il en rendra la teste
Cele, qui li rueve trenchier ;
Ou il aura celui tant chier
Qu'il li preigne pitié de lui.
Et à cele et à celui
Velt fère quant qu'il li demandent.
Largece et pitié le comandent
Que lor boens fait à ambedeus,
Qu'il estoit larges et piteus.
En tel prison et tel destrece
Le tiennent pitiez et largece,
Qui chascune l'angoisse et point.
La teste velt qu'il li doint
La pucele, qui li demande :
Et d'autre part li recomande

Pitiez ensemble et franchise,
Dès que il la li a requise,
Merci : et ne l'aura il donques?
Oïl : ce oen ne li avint onques
Que nus fust tant ses ennemis,
Dès qu'il l'ot au desouz mis,
Que merci crier li convint,
Onques encor ne li avint
C'une foiz merci li véait.
Mès au surplus ja ne béait.
Et donques ne l'aura il mie
Cestui, qui le requiert et prie,
Dès que issi fere le velt?
Et celle qui la teste velt,
Aura la ele? oil, sé l' puet.
— Chevalier, fet il, il t'estuet
Combatre de rechief à moi.
Itel merci aurai de toi,
Sé tu veux ta teste deffendre,
Car je te lesseré reprendre
Ton hiaume, et armer de rechiefs
A lesir ton cors et ton chiefs,
A tout le meuz que tu porras.
Mès saches que tu i morras,
Sé à ceste foiz te conquier. »
Cil respont : — Et je meuz ne quier,
Ne autre merci ne te demant;
Que tu me fès amor molt grant,
Fet cil; que je me combattrai
A toi; que je ne me mourai
D'einsinc com je sui si ilues. »
Cil s'atorne; si revient lues
A la bataille come engrès.
Mès plus le reconquist adès
Le chevalier délivrement,

Qu'il n'ot fait premièrement.
Et la pucele isnele pas
Li crie : ne l'espargniez pas
Chevalier, por riens qu'il vos die !
Car il ne vos espargnast mie,
Sé conquis t'eust une foiz ;
Bien saches tu. Sé tu le croiz,
Il t'engignera de rechief.
Trenche au plus desloial, le chief,
De l'empire et de la corone.
Franc chevalier, si la me done.
Per Deu ! la me dois bien donner :
Et je l' te cuit guerdoner
Molt bien encor : cel jor sera.
S'il puet il te rengignera
Par sa jengle .i. autre foiée. »
 Cil, qui voit sa mort aprochiée,
Li crie merci molt en haut :
Mès son crier rien ne li vaut,
Ne chose que dire li sache ;
Car cil par le hiaume le sache,
Si que trestouz les laz en tranche :
La ventaille et la coife blanche
Li abat de la teste jus.
Et cil recrie et plus et plus :
— Merci, por Deux ! merci, Vassaux ! »
Et cil dist : — Sé je soie saus,
Jamès de toi n'aurai pitié,
Dès qu'une foiz t'ai respicié ! »
— Ha ! fet il, péchiè feriez,
Si m'anemie créiez
De moi en tel manière ocirre. »
Et cele, qui sa mort désirre,
De l'autre part li amoneste
Qu'inelement li treint la teste,

Ne plus ne craie sa parole.
Et il fiert ; et la teste li vole
Enmi la lande ; et li cors chiet.
A la pucele plet et siet.
Le chevalier la teste prent
Par les cheveux ; puis si la rent
A cele, qui grant joie en fet.
El dist : — Tes cuers si grant joie ait
De la riens qu'il plus voldroit,
Com le miens cuer a or endroit.
De la riens que je plus voloie.
De riens, nule ne me douloie,
Fors de ce qu'il vivoit tant.
Un guerredon vos en atent,
Qui molt vos vendra bien en jeu.
En cest servise auroiz grant preu,
Que m'avez fet : ce vos créant.
Or m'en irai ; si vos comant
A Deu, qui d'encombrier vos gart. »
Tantost la pucele s'en part.
Et li uns l'autre à Dieu comande.
 Mès a touz cels, qui en la lande
Orent la bataille veue,
Lor est molt grant joie creue.
Si desarment tot meintenant
Le chevalier, joie menant.
Et au mengier raseoir veulent :
Or sont plus lié qu'il ne suelent.
Si mengièrent molt liéement.
Quant mengié orent longuement,
Le vavasors dist à son hoste,
Qui delèz lui séoit en coste.
— Sire, nos venimes piéça
Dou réaume de Logres çà ;
Né en somes : si voudriens

Qu'ennor vos venist et biens,
Et joie parfete. Car nos
I aurions preu avec vos
En ceste œvre et en ceste voie. »
Et il respont : — Bien le savoie. »
Quant le vavasors ot lessiée
La parole et la voiz bessiée,
S'a li uns de ses fiuz requise
Et dit : — Sire, en vostre servise
Devrions nos noz pooir mestre,
Et doner einçois que promestre.
Sé mestier aviez dou prendre,
Nos ne devrions mie atendre
Tant que vos demandé l'aiez.
Sire, ja ne vos esmaiez
De vostre cheval, s'il est mors.
Céans a chevaux boens et fors ;
Tant vueil que vos aiez dou nostre,
Que le meillor en leu dou vostre
Enmerroiz, qu'il vos est mestiers.)
Et il respont : — Molt volentiers. »
 A tant font les liz atorner :
Si se couchent. A l'ajorner
Lièvent matin, et si s'atornent.
Atorné sont ; puis si s'entournent,
Et au partir rien ne mesprennent :
Au seignor, à la dame prenent
Et à tous les autres congié.
Mès une chose vos di gie,
(Por ce que riens ne vos trespas)
Que le chevaliers ne volt pas
Monter sur le cheval presté,
Qui li ert à l'uis apresté.
Einz i fist, ce vos vueil conter,
I. des .II. chevaliers monter,

Qui venu ièrent avec lui.
Et il sor le cheval celui
Monte; qu'einsi li plot et sist,
Que chascuns sor son cheval sist.
Si s'acheminent trestuit troi
Par le congié et par l'otroi
Lor hoste, qui servi les ot
Et ennorez de quant qu'il pot.
Lor droit chemin vont cheminant,
Tant que li jors vet déclinant.
Si vindrent au pont de l'espée
Après none à la vesprée.

 Au pié dou pont, qui molt est maux,
Sont descendu de lor chevaux;
Et voient l'eve felenesse
Rade et bruiant, noire et espesse,
Si lede et si espoentable
Com sé fust li fluvs au déable.
Et li pons, qui est de travers,
Est de tous autres pons divers.
Einz tex ne fu ne jamès n'iert:
Einz ne vi, qui voir me requiert,
Si mal pont, ne si male planche.
D'une espée forbie et blanche
Estoit le ponz sor l'eve froide.
Mès l'espée estoit fort et roide,
Et avoit .II. lances de lonc.
De chascune part ot tronc.
Où l'espée estoit bien fichiée.
Là nul ne doute que ele chiée;
Ele pooit grant fès porter.
Mès ce fet molt desconforter
Les .II. chevaliers, qni estoient
Avec le tierz, qu'il cuidoient
Que dui lyon ou dui lyépart

Fussent lié de l'autre part,
Au chief dou pont, à .I. perron.
L'eve, et li pons, et li lyon
Les mestent en tele fraor
Qu'il tramblent andui paor,
Et dient : — Biau Sire, créez
Conseil de ce que vos véez;
Qu'il vos est mestiers et besoinz.
Mauvèsement est fez et joinz
Cist ponz, et mal fu compassez.
Se à tant ne vos repentez,
Au repentir vendroiz à tart.
Il covient fère par esgart
De tex choses ja assez.
Or soit c'outre soiez passez;
Por rien ne porroiz avenir,
Ne qu'en porroit les venz tenir
Et deffendre qu'il ne ventassent,
Et as oisiaux qu'il ne chantassent,
Ne qu'en porroit la mer vuidier,
Ne puis pas penser ne cuidier
Que cil dui lyon forsené,
Qui de la sont enchainé,
Qu'ils ne vos ocient, et sucent
Le sanc dou ventre, et menjucent
La char, et puis rungent les os.
Molt sui hardiz, quant je les os
Veoir et quant je les esgart.
Sé de vos ne prenez regart,
Il vos auront, ja ce sachiez,
Molt tost rumpus et despeciez.
Mès Sire, aiez pitié de vos;
Si remanez avecques nos.
De vos meismes avez tort,
S'en si certein péril de mort

Vos mettez à escient. »
Et cil lor respont en riant :
— Seignor, grant merci en aiez !
Quant vos por moi vos esmaiez :
D'amor vos meut et de franchise.
Bien sai que vos en nule guise
Ne voldriez ma meschéance.
Mès j'ai tel foi et tel créance
Que nul péril, qui soit par tout
Cest pont, passer ne redout
Ne plus que ceste terre dure.
Einz me vueil mestre en aventure
De passer outre, et atorner.
Meuz vueil morir qui retorner. »
  Cil ne li sevent plus que dire :
Mès de pitié plore et soupire
Li uns et li autres molt fort.
Et cil detrespasse le gort :
Au melz que il set, s'apareille ;
Et fet molt estrange merveille,
Que ses piez desarme et ses mains
N'iert mie touz entiers ne seins,
Quant à l'autre part iert venuz :
Bien s'est sor l'espée tenuz,
Qui plus estoit trenchans que fauz,
Au mains nues et tous deschauz ;
Qu'il n'i ot lessié en pié
Souler, chauce ne avanpié.
De ce ne fu mie esmaiez :
Ès mains et ès piez fu plaiez.
Meuz se vouloit mesaiesier,
Que cheoir dou pont et baignier
En l'ève, dont jamès n'issist.
A grant dolor, si com lui sist,
  S'en passe outre et à grant destrece :

Meinz, genouz et ès piez se blece.
Mès tout li asoage et seine
Amors, qui le conduit et meine ;
Si li convient à soufrir tous.
Au meins, au piez et au genouz
Fet tant, que de l'autre part vient.
Et lors li membre et souvient
Des .II. lyons, qu'il cuidoient
Avoir veu, quant il estoient
De l'autre part. Et si esgarde
Qu'il n'i vit nès une lésarde,
Ne rien nule qui mal li face.
Lors met sa main devant sa face,
S'esgarde son anel, et prueve
Que nul de .II. lyons ne trueve,
Qu'il cuidoit avoir veuz.
Enchantez est et deceuz ;
Car il n'i avoit rien qui vive.
Et cil qui sont à l'autre rive,
Quant celui passé outre voient,
Font tel joie com il devoient :
Mès ne sevent pas son méhaing.
Et cil le tient à grant gaing,
Qu'il n'i a plus mal sofert.
Le sanc jus de ses plaies iert
A sa chemise tot entor.

 Et voi devant lui .I. tor
Si fort, c'onques de sa veue
N'avoit nule si fort veue.
La tour meldre ne pooit estre.
Apoiez à .I. fenestre
S'estoit li Rois Baudemaguz,
Qui estoit soustivs et aguz
En toute honor et en tos biens ;
Et leauté sor toute riens

Voloit par tout garder et fère :
Et ses fius, qui tot son contraire
A son pooir tous jors fesoit,
(Car desléauté li plesoit.
N'onques de fère vilenie,
Ne traïson, ne félonie
Ne fu lassez ne ennuiez.)
Se rest de lès lui apoiez.
S'orent veu de la amont
Le chevalier passer au pont
A grant peine et à grant doulor.
De mautalent, d'ire la color
En a Méléaganz changiée.
Bien set car li est chalongiée
La Reïne. Mès il estoit
Tex chevaliers, qu'il ne doutoit
Nul home, tant fust forz ne fiers.
Nus ne fust meldres chevaliers,
Sé fel ne deslaiaus ne fust.
Mès il avoit .I. cuer de fust,
Touz sanz douçor et sanz pitié.
Ce fet le Roi joiant et lié,
Dont ses fiuz ire et duel avoit.
Li Rois certeinement savoit
Que cil, qui iert au pont passez,
Estoit meldres que nus assez ;
Que ja nus passer n'i osast
Eins qu'il dormist, et reposast
Mauvestié, qui fet honte au suens
Plus que proesce ennor au boens.
Donc ne puet mie tant proece
Come mauvestié et peresce.
Voirs est, n'en doutez vous de rien,
Qu'en puet faire plus mal que bien.
De ces .II. choses vos déisse

Molt, sé demore ne feisse.
Mès à autre chose m'atour;
A ma matière m'en retour.
 S'orroiz comment tient à escole
Le Rois son fil et aparole.
— Fiuz, fet il, aventure fu
Que ça venismes ge et tu
A ceste fenestre apoïer.
S'en avons eu tel loier
Que nos avons apertement
Veu le greignor hardement,
C'onques nul jor fust mès pensez.
Or di sé boen gré ne l'en sez
Celui qui tel merveille a fete?
Car t'acorde à lui et afete;
Si li rent quite la Reïne.
Ja n'auras preu en sa haine;
Fè li tele ennor en ta terre
Que, ce que il est venuz querre,
Li doignes, einz qu'il le demant.
Ce sez tu bien certainement
Qu'il quiert la Reïne Genièvres.
Ne te fè tenir por enrièvre,
Ne por fol, ne por angoisseus.
Sé cist est en ta terre seus,
Si li doiz compeignies fère.
Car preudom doit prudomme atrère,
Et honorer et losengier;
Ne l' doit pas de lui estrangier.
Qui fet honor, l'ennor est soe.
Bien saches que l'anor est toe,
Sé tu fès ennor ne servise
A cestui, qui est à devise
Le meillor chevalier dou monde. »
Et cil respont: — Dex me confonde,

S'ausi boen ou meillor n'ia !
Mal fist, quant lui i oblia
Qu'il ne se prise mie meins. »
Et dist : — Joinz piez et jointes mains
Volez espoir que je devieigne
Ses hom, et de lui terre tieigne ?
Sé m'aist Dex, einz devendroie
Ses hom que je ne li rendroie.
La Reïne ! et Dex m'en deffende
Qu'en tel guise je la li rende !
Ja certes par moi n'iert rendue,
Mès contredite et deffendue
Contre tous cels, qui fox seront,
Qui venir querre l'oseront. »
  Lors de rechief li dist li Rois :
— Fiz, molt feriez que cortois,
Sé ceste folie lessoies.
Je te lo et pri qu'en pès soies ;
Que ce sez tu que ennors iert
Au chevalier, sé il conquiert
Vers toi la Reïne en bataille.
Il la velt melz avoir sanz faille
Par bataille que par bonté,
Por ce qu'après lui iert conté.
Mès sé tu mon conseil despis,
Moi n'en chaudra, si t'en est pis.
Et tost mesavenir t'en puet :
Que riens le chevalier n'estuet
Douter, fort solement de toi.
De touz mes homes et de moi
Li doins trèves et seurté.
Onques ne fiz desloiauté,
Ne traïson, ne félonie ;
Ne jè ne commenceré mie
Por toi, ne que por .I. estrange.

Ja ne t'en quier dire losange ;
Einz promest bien au chevalier
Qu'il n'aura ja de rien mestier
D'armes, ne de cheval qu'il n'ait,
Dès que tel hardiment a fait,
Dès qu'il est jusque ci venuz.
Quar bien gardez et meintenuz
Iert vers tous homes sauvement,
Mès que vers ton cors solement.
Et ce te vuel ge bien aprendre
Que, s'il se velt vers toi deffendre,
Ne li convient d'autrui douter. »
— Assez me lest ci escouter,
Fet Méléaganz, et tesir :
Et vos diroiz vostre plesir.
Mès poi m'est de quant que vos dites.
Je ne sui mie si hermites,
Si piteus, ne si charitables,
Ne tant ne vueil estre honorables,
Que la Reïne, que j'aim plus, li doigne.
N'iert mie fète sa besoigne,
Si tost ne si délivrement.
Einçois ira molt autrement
Qu'entre nos et lui ne cuidiez :
Ja sé contre moi li aidiez,
Por ce ne nos coroceromes.
Sè de vos et de touz vos homes
A pès et trèves, moi qu'en chaut ?
Onques por ce cuer ne me faut.
Einz me plest molt, (sé Dex me gart.)
Qu'il n'ait fors que de moi regart ;
Ne je ne vos quier por moi fère
Riens nule, où l'en puisse retraire
Desloiauté ne traïson.
Tant com vos plest, soiez boens hom,

Et me lessiez estre cruel. »
— Coment n'en feraies tu tel ? »
— Nennin, fet-il ; et je m'en tais. »
— Or fai ton meuz, et je te lais.
S'irai au chevalier parler ;
Offrir li vueil et présenter
M'aie et mon conseil dou tout ;
Car je me tieing à lui debout. »
 Atant descent li Rois aval
Et fet amener son cheval :
L'en li amaine .i. grant destrier,
Qu'il i monte par l'estrier ;
Et maine après lui poi de gent ;
Trois chevaliers et .v. serjanz
Sans plus fist après lui aler.
Einz ne finèrent d'avaler
Tant que il vindrent à la planche.
Et voient celui qui estanche
Ses plaies, et le sanc en oste.
Lonc tens le cuide avoir à hoste
Le Rois, por ses plaies garir.
Mès à la mer fère tarir
Porroit aussi bien entendre.
Le Rois se haste de descendre ;
Et cil, qui molt estoit bleciez,
S'est tost encontre lui dreciez,
Non pas por ce qu'il le conoisse ;
Ne ne fist semblant de l'angoisse,
Qu'il ait au piez ne au mains,
Ne plus que sé il fust touz seins.
Li Rois le volt esvertuer ;
Si le cort molt tost saluer,
Et dist : — Sire, molt m'esbahis
De ce que vos en cest païs
Vos estes embatuz sor nos.

Mès bien veignans i soiez vos !
Que jamès nul ce n'emprendra ;
N'onc mès n'avint, ne n'avendra
Que nus tel hardement feist,
Qu'en tel péril se meist.
Et sachiez que molt vos aim plus,
Que vos avez fet ce que nus
N'osast penser ne meismes fère.
Molt me troverroiz déboenère
Ver vos, et laial, et cortois.
Je sui de ceste terre Rois ;
Si vos offre tot à devise
Et mon conseil et mon servise.
Car je voi bien apertement
Quel chose vos alez querant.
La Reïne, ce croi, querez? »
— Sire, fit il, bien esperez.
Autre besoin ça ne m'ameine »
— Sire, il i convendra peine,
Fet le Rois, einz que vos l'aiez :
Et vos estes molt fort plaiez :
Je voi les plaies et le sanc.
Ne troveroiz mie si franc,
Celui, qui ça la amenée,
Qu'il la vos rende sans mellée.
Mès s'il vos convient séjorner,
Et voz plaies fère adorner
Tant qu'elles soient bien garies.
De l'oignement au trois Maries
Et de mellor, s'en le trovoit,
Vos dorrai je : car molt convoit
Vostre èse et vostre garison.
Et la Reïne a tel prison
Que nus de char à lui n'adoise.
Mais mon fiz, qui molt en poise,

Qui avec lui ça la mena,
Onc nus hom ne se forsena,
Come il forséne et enrage.
Mès j'ai vers vos molt boen corage :
Si vos donrai, sé Dex me saut,
Molt volentiers quantqu'il vos faut.
Ja si boenes armes n'aura
Mes fiuz, qui maugré m'en saura,
Et ausi boenes ne vos doigne
Et cheval tel com vos besoigne.
Et si vos preing, (qui qu'il ennuit)
Vers tous mes homes en conduit.
Ja mar douteroiz de nului,
Fors que solement de celui
Qui la Reïne amena ça.
Onques hom si ne menaça
Autre, com je l'ai menacié.
Et par poi je ne l'ai chacié
De ma terre par maltalent,
Por ce que il ne la vos rent :
Si est mes fiuz. Mès ne vos chaille ;
Car s'il ne vos veint en bataille,
Ja ne vos porra, sor mon pois,
D'ennui fère vaillant .I. pois. »
— Sire, fet il, vostre merci.
Mès je gast le tens et pert ci ;
Et perdre ne gaster ne vueil.
De nulle chose ne mie dueil ;
Ne je n'ai chose qui me nuise.
Menez moi tant que je le truisse ;
Car à tès armes com je port
Sui prèz : or endroit me déport
Au cous doner et au reprendre. »
— Amis, meuz vos vendroit atendre
Ou XV jorz, ou III semaines,

Tant que voz plaies soient saines.
Que por rien ne vos souferroie,
Ne esgarder ne vos porroie
Qu'à tex armes, n'à tel conroi.
Vos combatissoiz devant moi. »
    Et cil respont : — Sé il vos plest,
Ja autres armes n'i auré :
Que volentiers à ces feisse
La bataille, ne ne quisse
Que ja eust pas, ne demore,
Ne respit, ne trève, ne hore.
Mès por vos itant sofferrai
Que jusqu'à demain atendrai.
Et mar en parleroie ja plus,
Que je n'i atendroie plus. »
    Et lors a li Rois créanté
Que tot iert à sa volenté.
Puis le fist à l'ostel mener,
Et prie et comande pener
De lui servir cels, qui l'emainent.
Et cil de tot en tot se painent.
Et li Rois, qui la pès queist
Molt volentiers, sé il poist,
S'en vet de rechief à son fil.
Si l'aparole, come cil
Qui volsist les pès et l'acorde.
Si li dist : — Biaus fiuz, car t'acorde
A ce chevalier sanz combatre.
N'est pas ça venuz por esbatre,
Ne por berser, ne por charier.
Einz vient por ennor porchacier,
Et son pris creistre et aloser.
S'eust mestier de reposer,
De cest mois ne de l'autre après
Ne fust de la bataille engrès,

Dont il parest molt désirrans.
Sé tu la Reïne li renz,
Criens i tu avoir desanor ?
De ce n'aies tu ja poor ;
Qu'il ne t'en puet blame venir.
Einz est péchiez de retenir
Chose, où tu n'as reson ne droit.
La bataille tot or endroit
Eust fete molt volentiers.
Si n'a il pas les piez entiers ;
Einz les a fenduz et plaiez. »
— De folie vos esmaiez,
Fet Méléaganz à son père.
Certes l'en me devroit detrère
A chevaux, sé je vos creoie.
Cil quiert s'anor et je la moie.
Cil quiert son preus et je le mien.
Et s'il velt la bataille bien,
Encor la vueil je melz cent tanz. »
— Bien voi qu'à folie entens,
Fet le Rois, si la troveras.
Demain ta force esproveras
Au chevalier, quant tu le vels. »
— Ja ne me viegne greignor dels,
Fèt Méléagans, de cestui !
Meuz volsisse qu'ele fust hui,
Assez que je ne faz demain.
Vez ore com je me demaing,
Plus mortelment que je ne sueil.
Molt me sont or troublé li œil ;
Molt en ai or la chière mate.
Jamès tant que je me combate
N'aurai joie, ne bien, ne èse,
Ne nule chose qui me plese. »
    Le Rois ot qu'en nule manière

N'i vaut riens conseil ne prière.
Si le lesse ester malgré suen ;
Et prent .I. cheval bel et boen
Et beles armes ; ses envoie
A celui où bien les emploie,
Et avec .I. cirurgien
Léal home et boen crestien,
Qu'el monde plus léal n'avoit ;
Et de guérir plaies savoit
Plus, que tuit cil de Monpellier.
Cil fist la nuit au chevalier
Tant com de bien fèrè li pot :
Car li Rois comandé li ot.

Ja savoient cestes noveles
Li chevaliers, et les puceles,
Et les dames, et li baron
De tout le païs environ.
Si vindrent d'une grant jornée
Tot environ de la contrée,
Et li estrange et li privé.
Et chevauchèrent à brivé,
Toute la nuit, jusqu'au cler jor.
D'uns et d'autres devant la tor
Ot si grant presse à l'ajorner,
Que rien n'i pot son pié torner.
Et li Rois par matin se liève,
Qui de la bataille molt griève ;
Si vient à son fiuz de rechief,
Que ja avoit le hiaume el chief
Lacié ; bien s'est apareilliez.
Ne ja n'iert li jorz respiciez ;
Ne n'i puet estre la pès mise.
Si li a molt li Rois requise ;
Mès ne puet estre qu'il la face.
Devant la tor, emmi la place,

Où toute la gent sest atrète,
Là sera la bataille fète.
Car li Rois le velt et comande.
Le chevalier estrange mande
Le Rois tantost; et l'en li mainne
En la place, qui estoit pleinne
Des gens dou réaume de Logres.
C'ausi c'on puet oïr les ogres, (orgues)
Vont au mostier à feste anuel,
A Pentecoste, et à Noël
Les gens acostuméement ;
Tout autresi comunalment
Estoient la tuit aüné.
Troiz jorz avoient jeüné,
Et alé nuz piez et en langes
Toutes les puceles estranges
Dou réaume le roi Artu,
Por ce que Dex force et vertu
Donast contre aversière
Au chevalier, qui devait fère
La bataille por les chaitis.
Et autresi cil dou païs
Reprioient por lor seignor,
Que Dex la victoire et l'onor
De la bataille l'en donast.

 Bien main, einz que prime sonast,
Les ot en andeus amenez
Enmi la place touz armez,
Sor .II. chevaux de fer coverz.
Molt estoit genz et bien aperz
Méléaganz et bien tailliez.
Et li haubers menu mailliez,
Et li hiaumes, et li escuz,
Qui au col li estoit penduz,
Tant bel et bien lui avenoient,

Mès tuist à l'autre se tenoient,
Nès cil qui volsissent sa honte ;
Et dient tuit que riens ne monte
De Méléagans avers cestui.
Meintenant que il furent dui
Enmi la place, et li Rois vient,
Qui tant come il puet les détient.
Si se peine de la pès fère ;
Mès il n'i puet son fil atrère.
Et il lor dit : — Tenez vos freins
Et vos chevaux à tout les mains.
Tant qu'en la tor ça je monte.
Ce n'iert mie molt grant bontez,
Sé por moi tant vos délaiez. »
Le Rois s'envet molt esmaiez,
Et vient droit la où il savoit
La Reïne, qui li avoit
La nuit prié qu'il l'amenist
En tel lieu que elle veïst
La bataille tout à abandon.
Et il l'en otroia le don.
Si l'ala querre et amener ;
Car il se voloit molt pener
De s'anor et de son servise.
A une fenestre l'a mise ;
Et il fu delez lui à destre
Couchiez de sor une fenestre.
Si ost avec els .II. assez
Et d'uns et d'autres amassez
Chevaliers, et dames senées,
Et puceles dou païs nées.
Qui molt i ravoit de chaitives,
Qui molt estoient ententives
En oroisons et en proières.
Li prison et les prisonières

Trestuit por lor seignor prioient
Car de lui en Deu se fioient,
De son cors, de sa délivrance.
   Et cil si font sanz demorance
Arrière trère la gent toute ;
Puis hurtent les escuz des coutes ;
Sont les enarmes enbraciées ;
Et poignent si qu'à .ii. braciées
Parmi les escuz s'entreflatent
Des lances, si qu'eles esclatent
Et esmient come brandon.
Et li cheval de tel randon
S'entreviennent tot front à front ;
Et piz à pis hurté se sont.
Et li escu hurtent ensemble
Et li hiaume, si qu'il resemble
De l'escrois, que il ont doné,
Qu'il eust molt forment toné.
Ne ni remeint estri ne cengle,
Poitral, ne resne, ne sorcengle
A rompre : et des seles peçoient
Li arcon, qui molt fors estoient.
Nil n'i ont pas grant honte eu,
Sé il sont à terre cheu,
Dès que trestout ce lor failli.
Molt tost resont en pié sailli.
Si s'entrevienent sans jengler,
Plus fièrement que dui sangler ;
Et lors fièrent sanz menacier
Grans cops des espées d'acier,
Come cil qui molt s'entre héent.
Sovent si aprement feroient
Les hiaumes et les haubers blans,
Qu'après li fers en saut li sans.
La bataille molt bien fornissent

Qu'il s'entrefièrent, et ledissent
De pesanz cous et de felons.
Meinz estours fiers, et durs, et felons
S'entredonoient par igal ;
L'onques ne de bien ne de mal
Ne se sorent à quel tenir.
Mès ce ne puet pas avenir
Que cil, qui ert au pont passez,
Ne fust afebloiez assez
Des mains, que il avoit plaiés.
Molt en sont lor gens esmaiées
Celles, qui à lui se tenoient,
Qui s'estors afebloié voient.
Si criement ne lor en soit pis :
Et il lor estoit ja avis
Qu'il en avoit le peor,
Et Méléaganz le meillor.
Si en murmurent tot entor.

Mès au fenestres de la tor
Ot une pucele molt sage,
Qui pense et dit en son corage
Que le chevaliers n'avoit mie
Por lui la bataille aramie,
Ne por cele autre gent menue,
Qui en la place estoit venue ;
Ne ja emprise ne l'eust,
Sé por la Reïne ne fust.
Et pense, sé il la savoit
A la fenestre où ele estoit,
Qu'ele l'esgardast ne veist,
Force et hardement l'en preist.
Et sé ele son non seust,
Molt volentiers dit li eust
Qu'il se regardast .I. petit.
 Lors vient à la Reïne et dit :

— Dame, por Deu ! et por le vostre
Preu, vos requier, et por le nostre,
Que le non à ce chevalier,
Por ce que il li doie aidier,
Me dites, sé vos le savez ? »
— Tel chose requise m'avez,
Damoiselle, fet la Reïne
Ou je n'entent nule haine,
Ne felonie, sé bien non.
Lancelot du lac a à non
Le chevaliers, mien escient. »
  Dex ! come ore a le cuer riant,
Et liée s'en fet la pucele.
Lors saut avant et si l'apele
Si haut que touz li peuples l'ot.
Molt haut escrie : — Lancelot !
Trestornes toi, et si esgarde
Qui c'est qui de toi se prent garde. »
  Quant Lancelot s'oï nomer,
Ne mist guères à son torner.
Molt tost se torne et voit amont
La chose de trestout le mont
(Au loges de la tour seoir)
Que plus desirrois à veoir.
Ne puis lors qu'il l'aperçut,
Ne se torna, ne ne se mut
Dever lui ses euz ne sa chière.
Einçois se deffent par derrière ;
Et Méléaganz l'enchauçoit
Au plus fièrement qu'il pooit.
Si est si liez, com cil qui pense
Qu'il n'ait mais vers lui deffense.
S'en sont cil dou païs molt lié ;
Et li ostage molt irié,
Qu'il ne se poent soustenir.

Einz en i estuet maint venir
Jusqu'à terre touz esperduz,
Ou à genouz, ou estenduz.
Issi et joie et duel i a.
Et lors de rechief s'escria
La pucele de la fenestre :
— Ha! Lancelot! ce que peut estre
Qu'ensinc foiblement te contiens?
Ja soloit estre tous li biens
Et toute la proesce en toi!
Je ne pens mie, ne ne croi
C'onques Dex feist chevalier,
Qui se poist apareillier
A ta valeur ne à ton pris.
Or te voi ci si entrepris
Qu'arrière main giètes cos.
Si te consbas derriers ton dos.
Tornes toi, si que deça soies;
Et que adès ceste tor voies,
Que boen veoir et bel la fet. »
Ce tient à honte et à grant let
Lancelot, tant que il s'en het,
C'une grant pièce, bien le set,
A le pis de l'estor eu.
Si l'on tuit et toutes veu.
Lors saut arrière et fet son tor,
Et mest entre lui et la tor
Méléagans trestout à force.
Et Méléagans molt s'efforce
Que de l'autre part se recort.
Mès Lancelot sore li cort;
S'il hurte de si grant vertu
De tout le cors et de l'escu,
Quant d'autre part se volt torner,
Qu'il le fest tout estorner.

Amors et haine mortex,
Si grant que ne fu encor tex,
Le font si fort et corageus,
Que de riens ne le tient à geus
Méléagans : eins le crient molt
C'onques chevaliers si estout
N'ancontra mès, ne ne conut ;
Ne tant ne le greva, ne nut
Nus chevaliers, tant com cist fet :
Volentiers loing de lui se tret.
Lancelot pas ne le menace ;
Mès ferant vers la tour le chace.
Issi Lancelot molt sovent
Le menoit arrière et avant,
Partout la où boen li estoit.
Et toutes voies s'arestoit
Devant la Reïne sa Dame,
Qui li a mis el cors la flame
Por coi il la vet regardant.
Et cele flamme si ardant
Vers Méléagans le fesoit,
Que partout là, où li plesoit,
Le pooit mener et chacier
Come home avugle, et eschacier :
L'emmaine, maugré en ait il.
 Quant le Rois voit issi son fil
Atorné qu'il ne se deffent,
Si l'en poise et pitié l'en prent.
Conseil i mestra, sé il puet :
Mès la Reïne l'en estuet
Prier, sé el bien le velt fère.
Lors li comença à retrère :
— Dame, je vos ai molt amée,
Et molt servie et honorée.
Or me rendez le guerredon :

Car demander vos vueil .i. don.
Bien voi que de ceste bataille
A mes fiuz le noanz sans faille.
Ne por ce ne l' demant je mie
Qu'il m'en poist, mès qu'il ne l'ocie
Lancelot, qu'en a le pooir.
Ne vos ne l' devez pas voloir;
Non pas, por ce qu'il ne l'ait
Bien vers vos et vers lui meffait,
Mès por moi, qui molt vos en pri :
Li dites là vostre merci,
Qu'il se tieigne de lui férir.
Einsinc me porriez mérir
Mon servise, si boen vos ère. »
— Biau sire, por vostre prière
Le vueil je bien, fet la Reïne.
Sé j'avoie mortel haine
Vers vostre fil, que je n'ai mie,
Si m'avez vos bien tant servie
Que por ce que à gré vos vieigne
Vueil je molt bien qu'il s'en tieigne. »
Ceste parole ne fu mie
Dite en repost; einz l'ont oïe
Lancelot et Méléagans.
Molt est qui aime obéisanz,
Et molt fet tost et volentiers,
Là où il est amis entiers,
Ce qui à l'amie doit plère.
Donc le dut Lancelot bien fère,
Qui plus aime que Pyramus :
Onques nus ne puet amer plus,
  La parole oï Lanceloz :
Ne puis que le daarains moz
Li fu de la bouche colez,
  Puis qu'el dist : — Quant vos le volez

Qu'il se tieigne, je l' voil bien. »
Puis Lancelot por nule rien
Ne l' touchast ne ne se meust.
Sé cil ocire le deust,
Cil ne l' touche ne se must.
Et cil fiert lui, tant com plus puet,
D'ire et de honte forsenez,
Quand ot quil est à ce menez
Qu'il convient por lui prier.
Que li Rois por lui chastier
Est jus de la tor avalez :
A la bataille en est alez,
Et dist à son fil meintenant :
— Comment est or ce avenant
Quant ne te touche, et tu le fiers ?
Trop parès or cruex et fiers.
Trop parès preux à mal eur ;
Et nos savons tout de seur
Que cil est audesus de toi. »
Lors dist Méléagans au Roi :
Mien escient ne véez goute !
Avuglez est qui de ce doute
Qu'au-desus de lui ne soie. »
— Or quier, fet li Rois, qui t'en croie !
La vérité bien en savons. »
Lors dist li Rois à ses barons
Qu'il son fil arière traient.
Et cil de rien ne se délaient ;
Tost ont son comandement fet ;
Méléagans ont arrier tret.
Mès à Lancelot arier trère
N'estut mie grant force fère ;
Car molt li peust grant ennui
Cil fère, einz qu'il tornast vers lui.
Et lors dist li Rois à son fil :

— Sé m'eist Dex, or estuet il
Pez fère et rendre la Reïne.
Toute la querele enterine
T'estuet lessier et clamer quite. »
— Molt grant oiseuse avez or dite !
Molt vos oï de néent débatre.
Fuiez; si nos lessiez combatre !
Et si ne vos en mellez ja ! »
Et li Rois dit que si fera ;
Que bien set que cil l'ocirroit,
Qui combatre li lasseroit.
— Il m'occiroit ! Einz l'ocirroie
Je lui. Molt tost le conquerroie,
Sé vos ne nos destorbiez,
Et conbatre nos lessiez. »
Et li Rois dist : — Sé Dex me saut !
Quanque tu dis riens ne te vaut. »
— Por coi, fet il ? — Car je ne vueil ;
Ne te crerré de ton orgueil.
Ne te crerré de toi ocirre.
Molt est fou, qui sa mort désirre,
Si com tu fez. Mès tu ne l'sez.
Et je sé bien que tu me hez,
Por ce que je te vueil garder.
Ta mort oïr ne esgarder.
Ne me lera ja Dex, mon vueil ;
Car trop auraie au cuer grant duel. »
Tant li dist et tant le chastie,
Que pès et accorde ont bastie.
La pès est tex que il li rent
La Reïne par tel covent
Qu'à lui vieigne sans nul aloigne,
Quele hore que il le sémoigne :
Au chief de leu se combattra,
Dès le jor qu'il le semondra,

A Méléaganz de rechief :
Ce n'est mie Lancelot grief.
A la pès tous li mondes cort ;
Et devisent que à la cort
Le Roi Artu iert la bataille,
Qui tient Breteigne et Cornoaille :
Là devisent que ele soit.
La Reïne estuet qu'el l'otroit,
Et que Lancelot le créant,
Que sé cil le fet recréant
Qu'ele avec lui s'en revendra,
Ne ja nus ne la retendra.
La Reïne issi le créante ;
Et Lancelot vient a graante.
Si les ont issi acordez,
Et départiz, et desmellez.
  Tel costume el païs avoit
Que puisque li uns s'en issoit,
Que tuit li autre s'en issoient :
Lancelot tuit bénissoient.
Coment il puisse à lui touchier,
Cil, qui plus se puet aprouchier,
En fu plus liez qu'il ne puet dire.
Assez ot là et joie et ire ;
Car cil qui sont desprisoné
Sont tuit à joie abandoné.
Mès Méléaganz et li suen
N'ont nule chose dès or boen ;
Einz sont pensif, et mat, et morne.
  Li Rois de la place s'entorne ;
Mès Lancelot n'i lesse mie.
Einçois l'emmoine ; et cil le prïe
Qu'à la Reïne le maint :
— A moi, fet le Rois, ne remeint.
Car bien à fère me resemble.

Et que le Séneschal ensemble
Vos mostrerai ge, s'il vos siet. »
A poi que au pié ne l'enchiet
Lancelot, tant grant joie en a.
Li Rois maintenant le mena
En la sale, où venue estoit
La Reïne, qui l'atendoit.
 Quant la Reïne voit le Roi,
Qui tient Lancelot par le doi,
Si s'est encontre lui dreciée,
Et fet semblant de corociée.
Si n'en bronche, ne ne dit mot.
— Dame, véez ci Lancelot,
Fet li Rois, qui vos vient veoir :
Ce vos doit molt plère et seoir. »
— Sire, moi ne doit il pas plère :
De son veoir n'è ge que fère ! »
— A vos, Dam ! ce dit le Rois,
Qui molt est sages et cortois ;
Où avez or cest cuer pris ?
Cestes vos avez molt mespris,
Dame, que tant vos a servie.
Car en ceste erre a sa vie
Por vos mise en mortel péril ;
Et de Méléagans mon fil
Vos a rescousse et deffendue,
Qui molt iriez vos a rendue. »
— Sire, voir ; mal l'a emploié.
Ja par moi ne sera noié
Que je ne l'en sè point de gré. »
Esvos Lancelot trespensé ;
Si li respont molt humblement,
En manière de fin amant :
— Dame, certes ce poise moi.
Ne je n'os demander por quoi. »

Lancelot molt se démentast
Sé la Reïne li contast ;
Mès por lui grever et confondre,
Ne li volt .i. sol mot respondre.
Einz est en une chambre entrée ;
Et Lancelot jusqu'à l'entrée
Des euz et dou cuer la convoie.
Mès à euz fu corte la voie ;
Car trop estoit la chambre près ;
Et il fussent entré après
Molt volentiers, s'il puest estre.
Li cuers, que plus est sire et mestre
Et de plus grant pooir assez,
Si est outre après passez.
Et le œil sont remès defors
Plein de lermes avec le cors.
   Le Rois à molt privé conseil
Dist : — Lancelot, molt me merveil
Que ce peut estre ; et dont ce muet
Que la Reine ne vos puet
Veoir, n'aresnier ne vos veut !
S'ele onques à vos parler scut,
Ne deust or fère dangier,
Ne voz paroles estrangier,
De ce que por lui fet avez.
Or me dites, se vos savez,
Por quel chose, por quel forfet
Ele vos a tel semblant fet ?
— Sire, or endroit ne me gardoie :
Mès ne li plest qu'ele me voie,
Ne qu'ele ma parole escout ;
Il m'en ennuie et poise molt. »
— Certes, fet li Rois, ele a tort ;
Car vos vos estes jusqu'à mort
Por lui en aventure mis.

Or en venez, biaus douz amis,
S'irons au Séneschal parler. »
— Là reveuil ge, fet-il, aler. »
Au Séneschal envont andui ;
Quant Lancelot vint devant lui,
Si a dit premerein mot
Li Séneschal à Lancelot :
— Com m'as honi ! — Et je de quoi ?
Fet Lancelot, dites le moi.
Quele honte vos ai je fete ? »
— Molt grant, quant tu as à chief trete
La chose, que je n'i poi trère :
S'as fet ce que je ne poi fère. »
Atant li Rois les lesse andeus,
De la chambre s'en ist touz seus.
Et Lancelot au Séneschal
Enquiert s'il a eu bien mal.
— Et ai certes assez encor ;
Einz n'oi plus mal que je ai or.
Je fusse morz grant pièce a,
Ne fust li Rois, qui de ci va,
Qui m'a monstré par sa pitié
Tant de douçor et d'amistié.
Car onques riens, qu'il seut
Boenne, que nul mestier m'eust,
Ne me failli nule fiée
Que ne me fust apareilliée,
Meintenant que il me plesoit.
Mès contre .I. bien qu'il me fesoit,
Et Méléagans d'autre part,
Ses fiz qui pleins est de male art,
Par traïson à lui mandoit
Les mires ; si lor commandoit
Que sor mes plaies me méissent
Tex oignemens, qui me nuisissent.

Mès le Rois ne le savoit mie
Tel murtre ne tel felonie
Il ne sofrist en nule guise.
Mès ne savez pas la franchise
Qu'il de ma Dame a fète ?
Donques ne fu par nule guete
Si bien gardée tor en marche,
Dès le tens que Noël fist l'arche,
Que melz gardée nule n'est.
Car neis veoir ne la lest
Son fil, qui molt en est dolenz,
Fors devant le comun des genz,
Ou devant le suen cors demaine.
A si grant honor la demaine,
Et demenée a jusque ci
Li frans Rois la soe merci,
Come ele deviser le sot.
Onques deviseor n'i ot,
Fors ele, qui le devisa.
Et li Rois molt plus l'en prisa,
Por la léauté que il vit.
Mès est ce voirs que il me dit
Qu'ele a vers vos si grant coroux,
Que sa parole, veans tous,
Vos a vée et escondite ? »
— Vérité vos en a l'en dite,
Fet Lancelot tout a estrout.
Mès por Dex ! sauriez me vos
Dire moi, por qu'ele me het ? »
— Cil li respont que il ne set ;
Einz s'en merveille estrangement.
— Or soit à son comandement !
Fet Lancelot, qui meuz n'en puet.
Et dit : — Congié prendre m'estuet,
Sire, mon seignor Gauvains querre,

Qui est entrez en ceste terre.
Et convent m'ot qu'il viendroit
Au pont desous eve tout droit. »
 A tant est de la chambre issuz ;
Devant le Roi s'en est venuz
Et prent congié de ceste voie.
Le Roi volentiers li otroie.
Mès cil, qu'il avoit délivrez
Et de prison desprisonez,
Li demandent qu'il feront.
Et il dit qu'avec lui vendront
Tuit cil qui i voldront venir.
Et cil qui se voldront tenir
Lèz la Reïne, si se tieignent.
N'est mie droiz que tuit s'en viengnent.
Avec lui vont tuit cil qui vuelent,
Liez et joianz plus qu'il ne suelent.
Avec la Reïne remeinent
Trestuit cil, qui joie demeinent
Et dames et chevalier meint.
Mès un tous seus n'en remeint,
Qui mieuz n'amast à retourner
En sa terre que séjourner.
Mès la Reïne les retient
Por mon seignor Gauvains, qui vient;
Et dit qu'ele ne se mouroit
Jusque noveles en sauroit.
 Tel duel a de sa cruauté (1)
Que molt en pert de sa biauté.
Sa cruelté et sa félonie
L'ont plus atteinte et blesmie,

---

(1) Le manuscrit présente ici une lacune. Le bruit de la mort de Lancelot est venu jusqu'à la Reine. Elle pense que la cruelle réception qu'elle lui a faite a causé son trépas.

Car ce que veille et jeüne.
Touz ses péchiéz ensemble aüne,
Et tuit li reviennent devant ;
Si les recorde et dit sovent :
— Ha ! lasse ! de coi me sovient,
Quant mes amis devant moi vient,
Et je l' deusse conjoïr,
Que je ne veuil neis oïr ?
Quant mon esgart et ma parole
Je véai, ne fis ge que fole ?
Que folle ! einz fis, si m'aist Dex,
Que felonesse et que cruex !
Et si le cuidai fère à gas ;
Mès issi ne l' cuida il pas ;
S'il ne m'a il pas pardonné.
Nus, fors moi, ne li a doné
Le mortel cop, mon escient,
Quant il vint devant moi riant,
Et cuida que je le veisse
Molt lié, et que je li feisse
Grant joie, et veoir ne le vox.
Ne li fu ce uns mortex cox,
Quant ma parole li véai ?
Adonc sans faille li préai
De cuer et de l'ame ensemble.
Cest dui cop l'ont mort ce me semble :
Ne l'ont mort autre bremençon.
Dex ! aurai ge la raençon
De cest murtre et de cest péchié ?
Nenil voir. Einz seront séchié
Tuit li flueve, et la mer tarie !
Hez lasse ! com fusse garie,
Sé uue foiz, einz qu'il fust morz,
(Et come fust grant li conforz !)
L'eusse entre mes bras tenu !

Coment? Certes tot nu à nu,
Por ce que plus en fust à èse.
Quant il est morz, molt sui mauvèse
Que ne fasse tant que je muire!
Por Deu! doit dons mon ami vivre,
Sé je sui vive après sa mort!
Quant je à rien ne me déport
S'à mal non, que je trai por lui,
Quant après sa mort m'i dédui,
Molt me fussent douz à sa vie
Li mal, dont je ai ore envie!
Malvès est, qui melz velt morir,
Que mal por son ami soufrir!
Moi certes est il molt plesanz,
Que je aille lonc duel fesant.
Meux veul vivre et sofrir les cox,
Que morir por avoir repos! »
   La Reïne en tel duel estut
Deus jorz qu'el ne menja ne but,
Tant que l'on cuida qu'el fust morte.
Assez est qui novele porte
Einçois ja lède que la bele.
A Lancelot vient la novele
Que morte est sa Dame et s'amie :
Si l'en pesa, n'en doutez mie.
Por voir il fu si adolez,
S'oïr et savoir le volez,
Car sa vie en ost en despit.
Ocire se veut sans respit.
Mès einz fist une brief complainte
D'une ceinture, qu'il ot ceinte
Noée el chief .i. laz corant;
Et dit à lui sol en plorant :
— Ha! mort, com m'as ore aguetié
Que sanz mal me fès deshaitié!

Deshetiez sui ; et mal ne sent
Fors de duel, c'au cuer me descent.
Cist deus est mals voire mortex ;
Et ce vueil ge que il soit tex.
Et sé Deu plest, je en morrai !
Coment? N'autrement ne porrai
Morir, sé dam le Deu ne plest.
Si ferai mès que il me lest
Cest laz entor ma gorge esteindre.
Issi cuit bien la mort destreindre,
Tant que mal gré suen m'ocirra.
Morz, que onques ne désirra
Sé cels non, qui de lui n'ont cure,
Ne velt venir : mès ma ceinture
La m'amenra trestoute prise ;
Et dès qu'ele ert en ma joustise,
Donc fera ele mon talent.
Voire ; mès trop va délaïant,
Tant sui desirranz que je l'aie ! »
Lors n'i demore ne delaie :
Einz mest parmi le laz sa teste,
Tant qu'entor le col li areste.
Et, por ce qu'il mal se face,
Le chief de la ceinture lace
A l'arçon de la sele estroit,
(Issi que nul ne l'aperçoit)
Puis se lest vers terre coler.
Si se viaut fere trainer
A son cheval, qu'il l'esteigne,
C'une hore plus vivre ne deigne.
Quant à terre cheu le voient
Cil, qui de lez lui chevauchoient,
Si cuident que pasmé se soit ;
Que nus des laz ne s'apercoit,
Qu'entor son col avoit lacié.

Tout meintenant l'ont embracié;
Si l' relievent entre lor braz;
Alors si ont trové le laz,
Dont il estoit si s'anemis,
Qu'environ son col avoit mis.
Si l' trenchent molt isnelement.
Mès la gorge si durement
Li laz joustisié li ot,
Que de pièce parler ne pot;
Qu'à peine sont les veines toutes
Dou col et de la gorge routes.

N'onques, sé il le volsist bien,
Ne se pot mal fère de rien.
Ce poise lui qu'en le gardoit;
A poi que il de duel n'ardoit.
Car molt volentiers s'oceist,
Sé nus garde ne s'em preist.
Et quant il mal ne se puet fère,
Si dist : — Ha Mort de put afère !
Mort, Mort ! por Deu ! n'eus tu
Tant de pooir ne de vertu,
Qu'einz que ma Dame m'oceisses,
(Espoir por ce que bien feisses.)
Ne l'volsis fère ne deignas;
Par félonie m'espargnas.
Car mal aoit gré mien sui-ge vis.
Car je me deusse estre ocis,
Lorsque ma Dame la Reïne
Me monstra semblant de haine.
N'ele ne l' fist pas sanz reson;
Einz i a molt droite acheson.
Mès je ne sai quele ele fu;
Et sé ja l'eusse seu,
Einz que s'ame alast devant Dé,
Ja l'eusse je amendé

Si chièrement, com lui pleust;
Mès que de moi merci eust.
Dex! cist forfaz quex estre puet?
Bien sai espoir qu'ele sèt
Que je monté sor la charete?
Ne sai quel blasme m'en amete,
Sé cestui non; cist m'a traï.
S'ele por cestui m'a haï,
Dex! Cist forfez por coi me nut?
Onques amor bien ne conut,
Qui ce m'a torné à reproche.
Qu'en ne porroit dire de bouche
Rien, qui de par amor venist,
Qui à reproche apartenist.
Einz est amors et cortoisie,
Quanqu'en puet faire por s'amie.
Por m'amie ne l' fet je pas?
Ne sai comment je die, las!
Ne sai sé die amie ou non.
Je ne li os metre cest non.
Mès tant cuit je d'amor savoir,
Qu'el ne me doit mie avoir
Por ce plus vil, s'ele m'amast,
Mès ami verai me clamast;
Que por lui me sembloit ennors
A fère, quantque velt amors,
Neis sor la charrete monter.
Ce deust ele amors conter;
Car sans faille molt cor amende,
Qui fet quanqu'amors li comande;
Et tout est pardonable chose.
Failliz est, qui fère ne l'ose. »
 Issi Lancelot se démente;
Et sa gent est lez lui dolente,
Qui le gardent et si le tienent.

Et entretant noveles vienent
Que la Reïne n'est pas morte :
Tantost Laucelot se conforte.
Et sé avoit fet de la mort
Devant grant duel et fier, et fort,
Encor fu bien .c. mile tanz
La joie de la vie plus granz.
 Et quant il vindrent dou recet,
Près, à vi lieues ou à sèt,
Où le Rois Baudemaguz ère,
Novele, que il ot molt chière,
Li fu de Lancelot contée.
Si l'a volentiers escoutée
Qu'il vit et vient sains et hetiez.
Et fist lors que bien afetiez,
Qu'il l'ala la Reïne dire.
Et el li respont : — Biaus douz Sire,
Quant vos le dites, bien le croi.
Mès s'il fust morz, ce vos otroi,
Que je ne fusse jamès liée.
Trop me fust ma joie esloigniée,
S'uns chevaliers en mon servise
Eust mort receue et prise. »
 A tant li Rois de lui se part ;
Et molt est la Reïne tart
Que sa joie et ses amis viegne.
Ja mès talent que vers lui tieigne
Haine de nès une chose.
 Mès novele qui ne repose,
Einz cort touz jorz qu'ele ne fine,
Vient de rechief à la Reïne
Que Lancelot ocis se fust
Por lui, sé fere li leust.
El en est liée, et se croit bien ;
Mès ele ne l' volsist por rien,

Que trop li fust mal avenu.
Et entretant esvos venu
Lancelot, qui molt se hastoit.
Meintenant que li Rois le voit,
Cil cort besier et acoler.
Vis li est qu'il doie voler,
Tant l'ot fet sa joie legier.
Tart li est que son desirrier
Voie, qu'il oublie sa poine.
Et meintenant li Rois semoine
La Reïne sa Dame veoir.
Lors ne lessa mie cheoir
La Reïne ses euz vers terre ;
Einz l'ala liément requerre.
Si l'ennora de son pooir ;
Et cel fet de lez lui seoir.
Puis parlèrent à grant lesir
De quantque lor vint à plésir.
Ne matière ne failloit,
Qu'amor assez lor en bailloit.
Et quant Lancelot voit son èse,
Qu'il ne dit rien qui molt ne plèse
La Reïne, lors à conseil
Li dist : — Dame, molt me merveil
Por coi tel semblant me feistes
Avant ier, quant vos me veistes ?
N'onques .I. mot ne me sonastes.
A poi la mort ne me donastes :
Ne je n'oi tant de hardement
Que, tant comme or vos en demant,
Vos en osasse demander.
Dame, or sui prez d'amender ;
Mès que le forfet dit m'aiez,
Dont j'ai esté molt esmaiez ? »
　　La Reïne lors li reconte :

— Coment don n'euste vos honte
De la charete, et si doutastes,
Et molt à enviz i montastes,
Quant vos demorates .ii. pas?
Et por ce ne vos voil je pas
Ni aresnier ne esgarder. »
— .i. autre foiz me doint Dex gard,
Fet Lancelot, de tel meffet!
Et ja Dex de moi merci n'ait,
Sé vos n'eustes molt grant droit!
Dame, por Deu! tost or endroit
De moi l'amende recevez.
Et si vos ja le me devez,
Por Deu, pardonner : si l' me dites. »
— Amis, vos en êtes toz quites,
Fet la Reine outréement.
Je vos pardoing mon maltalent. »
— Dame, fet il, votre merci :
Mès je ne vos puis mie ci
Tout dire quant que je voldroie.
Volentiers à vos parleroie
Plus à lesir, s'il pooit estre. »
    Et la Reïne une fenestre
Li mostre à l'oiel, ne mie au doi,
Et dit : — Venez parler à moi
A cele fenestre enque nuit,
Quant par céenz dormiront tuit ;
Et si vendroiz par .i. vergier.
Céenz entrer ne herbergier
Ne porroiz mie vostre cors ;
Je serai enz et vos defors.
Ne céens ne porroiz venir ;
Ne je ne porré avenir
A vos, fors de bouche ou de main.
Mès s'il vos plest, jusqu'à demain

Lès serai por amor de vos.
Qu'assembler ne porrions nos,
Qu'en ma chambre devant moi gist
Kès le sénéchaux, qui languist
Des plaies dont il est coverz.
Et li huis ne rest mie overz,
Einz bien sers et bien gardez.
Quant vos vendrois, si vos gardez
Que nule espie ne vos truisse. »
— Dame, fet il, là où je puisse
Ne me verra ja nule espie,
Qui mal i pens ne vilenie. »
Issi ont pris lor parlement :
Se départent molt liéement.
Lancelot i .t fors de la chambre
Si liez que il ne li remembre
De nul de trestous ses ennuiz.
Mès trop li demore la nuiz ;
Et li jorz li a plus duré,
A ce qu'il i a enduré,
Que ne feissent .II. anz entiers.
Au parlement molt volentiers
S'en alast, s'il fust à nuitié.
Tant à au jor veincre luitiè,
Que la nuit molt noire et oscure
L'ot mis desouz sa couverture
Et de souz sa chape affublé.
Quant il vit le jor anublé,
Si se fet laz et travaillé,
Et dit que molt avoit veillié ;
S'avoit mestier de reposer.
Bien poez atendre et gloser,
Vos qui avez fait autretel,
Que por l'avoir de son hostel,
Que por rien il ne reposast;

Ne l' ne poist, ne il n'osast.
Molt tost et soef s'en leva ;
Mès ce mie ne li greva,
Qu'il ne luisoit lune n'estoile,
N'en la meson n'avoit chandoile,
Ne lampe, ne lanterne ardant.
Issi s'en ala regardant
C'onques nus garde ne s'en prist;
Einz cuidèrent qu'il se dormist.
Molt tost vers le vergier s'en va,
C'onques nul hom n'encontra ;
Et de ce li est bien cheu
C'une pièce dou mur cheu
Ot el vergier novelement.
Par cele frete isnelement
S'en passe, et vet tant qu'il vient
A la fenestre, et là se tient
Si coit qu'il ne toust, n'esternue.
Tant que la Reïne est venue
En une molt blanche chemise :
N'ot sus bliant ne cote mise;
Mès .I. cort mantel ot desus
D'escarlate et de cisamus.

Quant Lancelot voit la Reïne
Qui à la fenestre s'acline,
Qui de gros fer estoit ferrée,
D'un douz salu l'a aornée.
Et elle son salu li rent ;
Car molt estoient désirrant
Cil de cele et cele de lui.
De vilenie, ne d'ennui
Ne tiennent parlement ne plèt.
Le uns près de l'autre se trèt
Tant, que mein à mein s'entretienent.
De ce qu'ensemble ne pormennent

Lor poise tant à desmesure,
Que molt blasment la ferreure.
Mès Lancelot de ce se vante
Que, sé la Reïne atalente,
Avec lui léenz entrera ;
Ja por les fers ne remaindra.
Et la Reïne li respont :
— Ne véez vos com cist fer sont
Roide à ploier et fort a freindre ?
Ja tant nes porriez destreindre,
Ne tirer à vos, ne sachier
C'un en puissiez enrachier. »
— Dame, fet-il, or ne vos chaille !
Ja ne cuit que fers riens i vaille.
Riens, fors vos, ne me puet tenir
Que bien ne puisse à vos venir.
Sé vostre congié le m'os troie,
Toute m'est délivre la voie.
Mès, sé il bien ne vos agrée,
Dont est ele si encombrée,
Que n'i passeroie por rien. »
— Certes, fet el, je le vueil bien.
Mes voloirs pas ne vos retient.
Mès tant atendre vos convient,
Qu'en mon lit soie recouchiée,
Que de noise ne vos meschiée.
Qu'il n'i auroit geu ne deport
Por le séneschal qui ci dort,
S'il s'esveilloit par vostre noise ;
Por ce est droiz que je m'envoise,
Qu'il n'i porroit nul bien noter,
S'il me véoit ici ester. »
— Dame, fet il, or alez donques :
Mès de ce ne doutez vos onques
Que je doie pas noise faire.

Si soef en cuit le fer traire
Que je ne m'i travaillerai,
Ne nului n'i esveillerai. »
   Atant la Reïne s'en torne ;
Et cil s'apareille et s'atorne
De la fenestre desconfire.
Au fers se prent et sache, et tire ;
Si que trestout plaier les fèt,
Et que fors de lor leus les trèt.
Mès si estoit trenchanz li fers,
Que dou doi menu jusqu'à ners
La première once se creva.
Si que dou sanc jus dégouta,
Et de l'autre doi tot a route
La premereine par pou toute.
Ne des plaies nule ne sent
Cil, qui à autre chose entent.
   La fenestre n'est mie basse :
Ne por quant Lancelot i passe
Molt tost et molt légièrement.
En son lit trouve Kès dormant ;
Et puis vient au lit de la Reïne,
Que molt parfondement encline ;
Et nul cor saint ne créoit tant,
Et la Reïne lui autant.
Ses bras li tent et si l'embrace :
Estroit près de son lit le lace ;
Si l'a lèz lui en son lit tret ;
Et le plus bel semblant li fet,
Qu'ele onques fère li puet.
Car d'amor et dou euer li muet,
D'amor le meut que le conjot ;
Et s'ele a lui grant amor ot,
Et il .c. mile tanz à lui.
Car a touz autres cuers failli

Amors ; et fu si enterine
Qu'à touz autres lor fu frarine.
  Or à Lancelot quantqu'il veut,
Quant la Reïne en gré requeut
Sa compeignie et son solaz,
Quant il la tient entre ses braz,
Et de lui entre les suens.
Tant li est ses geus douz et boens
Et de besier et de sentir,
Qu'il lor avint sans mentir
Une joie et une merveille
Tex c'onques sa pareille
Ne fu oïe ne seu.
Mès touz jours iert par moi teue ;
Car certes ne doit estre dite.
Des joies fu la plus eslite
Et la plus délétable cele,
Que li contes nos test et cele.
  Molt ot de joie et de déduit
Lancelot toute cele nuit.
Mès le jors vient ; qui molt le grève,
Quant de lèz s'amie se liève.
Et molt i sofri grant martire :
Ses cuers adès cele part tire
Où la Reïne se remest.
Car la Reïne tant li plest,
Qu'il n'a talant que il la lest.
Le cors s'en va ; le cuers séjorne.
Droit vers la fenestre s'en torne ;
Mès de son cors tant i remeint,
Que li drap sont tachié et teint
Dou sanc, qui li chaï du doiz.
Molt s'en part Lancelot destroiz,
Plains de soupirs et pleins de termes.
De l'asembler n'est pris nus termes ;

Ce poise lui ; mais ne peut estre.
Si entra il molt volentiers :
N'avoit mie les doiz entiers,
Qui molt fort i estoit bleciez.
Et si a il les fers dreciez
Et remis en lor leu arrière,
Si qui devant ne que derrière
Ne pert que l'en eust osté.
N'en l'un ne en l'autre costé
Nus des fers ne trait ne ploie.
Au departir se souploie
De la chambre, et fet tel au tel
Com s'il fust devant .i. autel.
Puis s'en part à molt grant angoisse;
Ne trueve homs qui le conoisse
Tant qu'à son hostel est venuz ;
En son lit se couche touz nuz ;
Si c'onques nului ne esveille.
Et lors à primes se merveille
De ses doiz qu'il treuve plaiez:
Mès de rien n'en est esmaiez,
Por ce qu'il set tout de seur
Qu'au trère les fers dou mur
De la fenestre, se bleça.
Por se pas ne s'en coroça ;
Car il se volsist melz doulors
An .II. les braz avoir trez fors
Qu'il ne fust outre passez.
Mès s'il se fust aillors quassez
Et si ledement empiriez,
Molt en fust dolenz et iriez.
   La Reïne la matinée
Dedens sa chambre encortinée
Se fu molt soef endormie.
De ses dras ne se gardoit mie,

Qu'il fusscut tachié de sanc ;
Einz cuidoit qu'il fussent molt blanc.
  Molt li est ja desavenant :
Méléaganz vendra devant
Qu'el fu vestuz et atornez.
Si est vers la chambre tornez,
Où la Reïne se gisoit.
Veillant le trueve, et s'il voit
Ses dras del sanc teins et goutez.
S'en a ses compeignons boutez
Et com apercevans de mal.
Vers le lit Kès le séneschal
Garde, et voit ses dras tachiez
De sanc ; que la nuit, ce sachiez,
Furent ses plaies escrevées.
Lors dist : — Dame, or ai trovées
Tex noveles, com je voloie.
Bien est voirs que molt se foloie,
Qui de fame garder se poine :
Son travail i pert et sa poine.
Plus tost la pert cil qui la garde,
Que cil qui ne s'en donc garde.
Molt a or bele garde fete
Mes pères, qui por moi vos guète.
De moi vos à il bien gardée !
Mès ennuit vos a regardée
Kès li séneschaux, malgré suen.
Si a de vos fet tot son boen.
Et si sera molt bien prové. »
  — Coment, fet ele ? — J'ai trové
Sanc en vos dras, qui le tesmoigne,
Dès que dire le me besoigne.
Par ce le sai, et bien le pruis :
Le sanc, qui chéi de ses plaies,
Ice sont enseignes veraies. »

Qu' as voz dras et as suens truis
Le sanc, qui chéi de ses plaies :
Ice sont enseignes veraies. »
Lors primes la Reïne vit,
Et en l'un et en l'autre lit,
Les dras sanglens. Si se merveille ;
Honte en ot ; si devint vermeille.
Et dit : — Sé Dam le Dex me gart,
Ce sanc, que en mes dras esgart,
Onques ne l'i aporta Kés :
Einz m'a ennuit seingnié le nés.
De mon nés fu, au mien espoir. »
Et elle cuide dire voir.
— Par mon chief ! fet Méléagans,
Quanque vos dites est néenz.
N'i a mestier parole feinte,
Que provée estes et ateinte ;
Et bien sera le voire provez. »
Lors dist : — Seignor, ne vos movez,
(As gardes, qui ilec estoient)
Et gardez que osté ne soient
Le drap dou lit, tant que je veigne.
Je vueil que li Rois droit me tieigne,
Quant la chose veue aura. »
 Lors le quiert tant que trové l'a ;
Si se lesse à ses piez cheoir
Et dit : — Sire, venez veoir
Ce dont garde ne vos prenez.
La Reïne veoir venez :
Si verroiz merveilles provées,
Que j'ai novelement trovées.
Mès einçois que vos i ailliez,
Vos pri je que ne me failliez
De joustise ne de droiture.
Bien savez en quelle aventure

Por la Reïne mon cors mis ;
Dont vos estes mes anemis,
Que por moi la fetes garder.
Hui matin l'alai regarder
A son lit ; et si ai veu,
Tant i ai ge aperçeu,
Qu'à lui gist Kès chascune nuit.
Por Deu ! Sire, ne vos ennuit
S'il men poise, et je m'en pleing ;
Que molt me mest à grant desdeing,
Qu'ele me het tant et despist,
Que Kès charnelment à lui gist. »
— Mès fet li Rois ; je ne l' croi pas. »
— Sire, or venez veoir les dras,
Coment Kès les a conréez,
Quant à ma parole ne créez.
Certes vos cuidiez que je mente,
Les dras et la coute sanglente
Des plaies Kès, vos mostrerai.
— Or alons, et si le verrai,
Fet li Rois, qu'aprendre le vueil :
Le voir en conoistront mi oeil.
Li Rois tout meintenant s'enva
Jusqu'à la chambre, où il trova
La Reïne, qui se levoit.
Les dras sanglanz en son lit voit,
Et el lit Kès tout ensément.
Et dit : — Or vet molt malement,
Sé c'est voirs que mes fiz m'a dit. »
— Elle respont : Sé Dex m'aist !
Onques n'avint mès en songe
Contée si male mençonge :
Je cuit que Kès li séneschaux
Est si cortois et si loiaux
Qu'il ne fet pas à mescroirre.

Ne si ne mes mie en foire
Mon cors, ne n'en faz livroison.
Certes Kès n'est mie tex hom,
Qu'il me requist tel outrage.
Ne je n'en ai onques corage
Dou fère ; ne ja n'en aurai. »
— Sire, molt boen gré vos saurai,
Fet Méléaganz a son père,
Sé Kès son outrage compere ;
Si que la Reïne i ait honte.
A vos tient la joustice et monte ;
Et je le vos requier et pri.
Le Roi Artu a Kès traï,
Son seignor qui tant le créoit,
Qui comandée li avoit
La Reïne, que il plus aime el monde. »
— Sire, or sofrez que je responde,
Fet Kès, et si m'escondirai.
Ja Dex, quant de cest siècle irai,
Ne me face pardon à l'ame,
Sé onques jui avec ma Dame !
Certes meuz voldroie estre morz,
Que tex ledure, ne tex torz
Fust par moi quis vers mon Seignor.
Ne jamès Dex santé greignor,
Que j'ai orendroit, ne me doint ;
Einz me preigne en icest point,
Sé je onques là me pensai !
Et de mes plaies itant sai
Qu'ennuit m'on seignié à planté ;
S'en sont li drap ensanglanté.
Vostre fiz à tort me mescroit ;
Mès certes il n' i a nul droit. »
Méléagans lors li respont :
— Sé m'eist Dex, traï nos ont

Li déable et vif mau fé.
Trop fustes ennuit eschaufé;
Et por ce que trop vos grevastes,
Vos plaies sans doute escrevastes.
Ne vos i vaut nient contrueve.
Li sans d'ambedeus pars se prueve;
Bien le véons, et bien i pert.
Et est droiz que son fet compert,
Qui si en est prové repris.
Einz chevaliers de vostre pris
Ne fist si grant desconvenue :
Si vos en est honte avenue. »
— Sire, Sire, fet Kès au roi;
Je deffendrai ma Dame et moi
De ce que vostre fiz me met
A peine et à mal : par abet
Certes, et à tort me travaille, »
— Vos n'avez mestier de bataille,
Fet li Rois, que trop vos dolez. »
— Sire, sé soufrir me volez,
Issi malades com je sui
Me combatrai je contre lui,
Et montrerai que je n'ai colpe
En cest blame, dont il m'encolpe. »
 Mès la Reïne mandé ot
Tout céléement Lancelot;
Et dit au Roi qu'ele aura
Uns chevalier qui deffendra
Le séneschal de cette chose,
Vers Méléaganz sé il ose.
Méléaganz respont tantost :
— Nul chevalier ne vos en ost,
Vers cui la bataille ne preigne
Tant que li uns vaincuz remeigne,
Neis s'il estoit uns géanz. »

A tant vint Lancelot léens.
S'ot de chevaliers si grant route
Que pleine fu la sale toute.
　Maintenant que il fu venuz,
Oianz et juenes et chenuz,
La Reïne la chose conte
Et dist : — Lancelot, ceste honte
M'a ci Méléagans sor mise.
En mescréance m'en a mise
Vers toutes genz, qui l'oent dire,
Sé vos ne l'en fetes desdire.
A nuit, ce dist, à Kès geu
A moi, por ce qu'il a veu
Mes dras et les suens de sanc teinz.
Et dit que tost en est ateinz,
Sé vers lui ne s'en puet deffendre,
Ou sé .I. autre n'ose enprendre
La bataille pour lui aidier. »
— Ja ne vos en covient pledier,
Fet Lancelot, là où je soïe,
(S'à Dex ne place qu'en me croie !)
Ne vos ne lui de cest afère.
Près sui de la bataille fère. »
　A itant Méléaganz saut,
Et dist : — Sé Dam le Dex me saut,
Ce vueil ge molt, et molt me siet !
Ja nus ne pens qu'il me griet. »
　Et Lancelot dist : — Sire Rois,
Je sai de causes et de lois,
Et de plez et de jugemenz :
Ne doit estre sanz seremenz
Bataille de tel mescréance. »
　Méléaganz sans demorance
Li respont molt isnelement :
— Bien i soient li serement,

Et vieignent li Saint orendroit !
Car je sai bien que je ai droit. »
　　Meintenant les chevax demandent ;
Lor armes aporter comandent ;
L'on les aporte tost amont.
Vallet les arment : armé sont.
Et jà resont li Saint fors trèt.
Méléaganz avant se trèt,
Et Lancelot de jouste lui.
Si s'agenoillent ambedui :
Méléaganz estent sa main
As Sainz, et jure tot de plein
— Issi m'aist Dex et cist Sainz !
Kès le Séneschaux fu compeinz
Ennuit la Reïne en son lit,
Et ot de lui tot son délit. »
— Et je t'en lies come parjur ! »
Fet Lancelot ; et si rejur
Qu'il n'i jist ne ne la ceuti.
Et de celui qui a menti
Preingne Dex, sé lui plest, venchance
Et face voire demostrance !
Mès .I. autre encor en ferai
Des seremenz, et jurerai,
(Qui qu'il ennuit ne qui qu'il poist)
Que sé il hui venir me laist
De Méléaganz audesus,
(Tant m'aist Dex et non ja plus,
Et ces reliques qui sont ci)
Que je n'en aurai ja merci ! »
Le Roi de rien ne s'esjoï,
Quant cest serement oï.
　　Et quant les seremenz ont faiz,
Lors orent les chevaux fors traiz
Biaus et boens, de toutes bontez.

Lors est chascun el suen montez;
Et li uns contre l'autre muet,
Tant com cheval poindre li puet,
Et ou plus grant cors des chevaux.
Fiert li uns l'autre des vassaux,
Si qu'il ne lor remest uns poinz
Des .II. lances jusque ès poinz.
Et li uns l'autre à terre porte:
Mès ne font mie chière morte,
Qu'isnelement se relevèrent,
Et tant com porent se grevèrent
As tranchanz des espées nues.
Les estinceles vers les nues
Toutes ardanz des hiaumes sailent.
Par si grant ire s'entrassaillent
A s'espées nues, qu'il tienent,
Que, si com eles vont et vienent,
S'entrencontrent et s'entrefièrent.
Ne tant reposer ne se quièrent
Qu'aleine reprendre lor lesse.
Li Rois en est molt à mesèse.
S'en a la Reïne apelée,
Que apoier s'estoit alée
Au loges amont de la tor:
Por Deu, li dis, le créator,
Qu'ele départir les laist!
Tout, quanque vos en siet, me plait,
Fait la Reïne en boenne foi.
Ja ne feroiz rien contre moi. »
  Lancelot ot bien entendu
Que la Reïne ot respondu,
Et ce qui li Rois li requist.
Ne puis combatre ne se quist;
Ençois tantost guerpi la chaple.
Et Méléaganz fiert et chaple

Sor lui, que reposer ne quiert.
Mès li Rois entre .II. se fiert,
Et tient son fil, qui dit et jure
Que de la pès fère n'a cure.
Bataille velt; n'a soing de pès.
Et li Rois li dit : — Car te tès,
Et me croi ; si feras que sages.
Ja certes honte ne domages
Ne te vendra, sé tu me croiz ;
Et si feras ce que tu doiz.
Dont ne te souvient il que tu
As à la cort le Roi Artu
Contre lui bataille aramie.?
Et de ce ne doutes tu mie
Qu'il ne te fust plus granz honors,
Sé là te venoit biens qu'ailors? »
Ce dit li Rois por essaier
Sé il le porroit apaier.
Tant fet qu'il l'apèse ; se départ.

 Et Lancelot qui molt est tart
De monseignor Gauvains trover.
En vet congié querre et rover
Au Roi et puis à la Reïne.
Par le congié d'eus s'achemine
Vers le pont de souz ève errant.
S'ot après lui route molt grant
De chevaliers, qui le sivoient.
Mès assez de cels i aloient,
Dont bel lor fust s'il remainsissent.
Lor jornées molt bien fornissent,
Tant que le pont souz eve aprochent:
Mès de veue encore n'i touchent.

 Einçois qu'il si près venissent
Dou pont, qu'il l'eve veïssent,
Uns neins à l'encontre li vient

Sor .i. grant chaceor, et tient
Une corgiée por chacier
Son chaceor et menacier.
Et meintenant a demandé,
Si com il li fu comandé :
— Le quex de vos est Lanceloz?
Ne l' me célez; je sui des voz.
Mès dites tout seurement ;
Et por granz biens le vos demant. »
Lancelos le respont por lui
Et dist : — Il meismes je sui
Cel, que tu demandes et quiers. »
— Ha! fet li neins, frans chevaliers,
Lesses tes gens; et si me croi,
Vien t'en touz seus ensemble o moi. »
Cil qui de nul mal ne se doute,
Fet la remanoir sa gent toute,
Et suit le nein qui traï l'a.

Ses gens, qui l'atendoient là,
Le puent longuement atendre ;
Car cil n'ont nul talent dou rendre,
Qui l'ont pris, et sesi en sont.
Et ses genz si grand duel en font,
Quant il ne vient ne ne repère,
Qu'il ne sevent que puissent fère.
Si prennent conseil, ce me semble ;
A ce s'acordent tuit ensemble,
Le plus resnable et li plus sage,
Qu'il en riront jusqu'à passage
Dou pont sous eve, qui est près ;
Et querront Lancelos après,
Par le los mon seignor Gauvain,
S'il le truevent n'a bois n'à plein.

Vers le pont souz eve s'en vont.
Tantost com il vienent au pont,

Ont mon seignor Gauvain veu
Dou pont trébuchié et cheu
En l'eve, qui molt est profonde.
Une hore est sus ; autre hore afonde ;
Or le voient et or le perdent.
Si tressaillent tant qu'il s'aerdent
A reins, à perches et à cros.
N'avoit que le haubers el dos,
Et sor le chief le hiaume assis,
Qui d'autre valoit plus de sis.
Et les chauces de fer chauciées,
De sa suor enroilliées ;
Que molt avoit soufert travauz,
Et meins périz, et meins asauz
Avoit trespassez et veincus.
Sa lance estoit, et ses escuz,
Et ses chevaux à l'autre rive.
Mès ne cuident pas qu'il vive
Cil, qui l'ont trèt de l'eve fors ;
Car il en avoit molt el cors.
Ne jusque tant qui l'ot rendue,
N'ont de lui parole entendue.
Quant l'en pot sa parole entendre,
Au plus tost qu'il si pot prendre,
A la parole si se prist ;
Lors de la Reïne requist
A ceus, qui devant lui estoient,
Sé nule novele en savoient.
Et cil si li ont respondu :
Devant le Roi Baudemagu,
Dient qu'ele ne pert nule hore.
Que molt la sert et molt l'onnore
— Vint la nus puis au ceste terre,
Fet mesire Gauvains, requerre?
— Si li responent que oïl ;

Que Lance'oz dou lac, f'nt il,
Qui pa... ou pont de l'epée,
Si l'a ... ...,
Et a... ... ...z.
Me... ... ... g...uz;
Uns f... ... ...iez
Ledement n... ... ...ign...z,
Qui Lance... ... a fo.s trait.
Ne ne savons qu'il en a fait. »
— Et quant, fet mesire Gauvains ? »
— Hui nos a fait ice li nains,
Molt pres de ci; quant il et nos
Venismes encontre vos. »
— Et coment s'est il contenuz,
Puis qu'en cest païs fu venuz ? »
— Et cil li comencent à dire;
Le voir li content tire à tire,
Si c'un tout sol mot n'i oublient.
Et de la Reïne li dient
Qu'ele l'atent et dit por voir
Qu'ele ne s'en voudra movoir
Dou païs, tant qu'ele le voie
Ou novele qu'ele croie.
Mesire Gauvains lor respont:
— Quant nos partirons de cest pont
Irom nos querre Lancelot ? »
Il n'i a nus, qui melz ne lot
Qu'à la Reïne aillent einçois.
Si le fera querre li Rois;
Car il cuident qu'en sa prison
L'ait ses fiz mis par traïson,
Méléagans, qui molt le het:
Ja en leu, sé li Rois le set,
Ne sera, qu'il ne l'face prendre.
De seur le poon atendre. »

A cest conseil tuit s'acordèrent
Et tout meintenant s'entornèrent
Là où li Rois et la Dame ière,
Qui ne fesoit pas bele chière,
Et Kès avec li séneschaux.
Si i estoit li deslaiaux
De traïson pleins et comblez,
Qui molt a ledement troublez
Por Lancelot touz cels qui vienent.
Por morz et por traïz se tiennent.
  De mon seignor Gauvain eust
Li Rois joie; et molt li pleust
Sa venue et sa conoissance.
Mès tel duel a et tel pesance
De Lancelot, qui est traïz,
Que muz en est et esbahiz.
Et la Reïne le semont
Et prie qu'à val et à mont
Par sa terre querre le face,
Tout sans demore et sans espace.
Et mesire Gauvain, et Kès,
.I. trestot seul n'i a remès,
Qui de ce ne l' prit et semoigne.
— Sor moi lessiez ceste besoigne,
Fet li Rois; et n'en parlez ja ;
Car je en sui priez pieça,
Tout sanz prière et sanz requeste :
Sera bien fete ceste enqueste. »
Chascuns l'en encline et souploie.
Et le Rois maintenant envoie
Par son réaume ses messages,
Serjenz preuz, et cortois, et sages.
Si ont par toute la contrée
De lui noveles demandée.
Par tout ont la novele enquise ;

Mès n'en ont nule voire aprise;
N'en truevent point; si s'en retornent
Là où li chevalier séjornent.
Trestuit armé querre l'iront;
Ja autrui n'i envoieront.
.I. jor après mengier estoient
Trestuit ensemble, ou il s'armoient:
S'estoit venu à l'estovoir,
Qu'il n'i avoit que dou movoir;
Quant .I. vallez laienz entra,
Et parmi els trestouz passa
Tant, qu'il vint devant la Reïne,
Qui n'avoit pas color rosine,
Qui por Lancelot duel avoit
Tel, (dont novele n'en savoit)
Que la coulor en ot muée.
Quant li vallez l'a saluée
Et le Roi, qui de lui fu près,
Et puis touz les autres après,
Et Kès, et monseignor Gauvain,
Unes letres tint en sa main.
Ses tent li Roi: et il les prent.
A tel, qui de rien ne mesprent,
Les fist li Rois, oians touz, lire.
Cil que les list, bien lor sot dire
Ce qu'il vit escrit en la lue;
Et dit que Lancelot salue
Le Roi com son boen seignor;
Si le mercie de l'amor
Que li a fet et dou servise,
Come cil qui est à devise
Trestot à son comandement:
Et sachiez bien certeinement
Qu'il est avec le Roi Artu
Pleins de santé et de vertu.

Et dit qu'à la Reïne mande
C'or s'en vieingue, s'il le comande,
Et mesire Gauvain et Kué :
Et ce créez en vérité. »
Il durent croirre et bien le crurent,
Et molt lié et joiant en furent.
De joie bruit toute la corz.
Et lendemein, quant il fu jorz,
Dient qu'il s'en viendront torner.
Et quant ce vint à l'ajorner,
Li Rois les guie et conduit
A grant joie et à grant déduit,
Une grant pièce de la voie.
Fors de sa terre les convoie :
Et quant il les en ot fors mis,
A la Reïne a congié pris,
Et puiz à tous communément.
Et la Reïne sagement
Au congié prendre le mercie
De ce que il l'a tant servie,
Et ses douz bras au col li met.
Si li offre et li promet
Son servise et le son seignor :
Ne li peut promettre greignor.
Or les comande à Deu li Rois ;
Toute la route avec ces trois
A salué ; puis si s'entorne.
 Et la Reïne ne séjorne
Nul jor de toute la semaine,
Ne la route qu'ele maine :
Tant qu'à la cort vint la novele,
Qu'au Roi Artu fu molt bele,
De la Reïne qui aproche.
Et de son nevon li retouche
Grant joie au cuer et grant liesse,

Qu'il cuidoit que par sa proece
Soit la Reïne revenue,
Et Kès, et l'autre gent menue :
Mès autrement est qu'il ne cuident.
 Por els toute la ville vuident :
Si lor vont trestuit a l'encontre
Et dit chascuns qui les encontre ;
Ou soit chevaliers ou vileins :
— Bien vieigne, mesire Gauvains,
Qui la Reïne a amenée,
Et meinte dame enchaitivée
Et maint prison nos a rendu ! »
Et Gauvain lor a respondu :
— Seignor, de néent m'alosez.
De ce dire vos reposez ;
Qu'à moi nule chose n'en monte.
Cest los me vaut une grant honte ;
Car je n'i ving n'à tans, n'à hore.
Failli j'ai par ma demore.
Mès Lanceloz à tans i vint,
Cui si grant onnor en avint,
Que n'ot si grant nus chevaliers. »
— Ou est il donc, biau sire chiers,
Quant nos ne l' veons ci ilues ? »
— Ou ? fet mesire Gauvain, lues,
A la cort mon seignor le Roi.
Dont n'est il ? — Nennil, par ma foi,
Ne en toute ceste contrée !
Puisque ma Dame en fu menée,
Nulle novelle n'en oïmes. »
 Et mesire Gauvains lors primes
Sot que les letres fauses furent,
Qui le traïrent et déçurent.
Par les lettres sont deceu ;
Lors resont tuit à duel meu.

A cort viennent, lor duel menant.
Et li Rois trestout meintenant
Enquiert noveles de l'afère.
Assez fu, qui li sot retraire
Coment Lancelos ot ovré,
Et com par lui sont délivré
La Reïne et tuit li prison,
Coment et par quel traïson
Li nains l'or emble et soustret.
Ceste chose le Roi desplest;
Et molt l'en poise et molt li griève.
Le cuers de joie li souliève,
Qu'il a si grant de la Reïne
Que le deus por la joie fine.

Dementiers que fors dou païs
Fu la Reïne, ce m'est vis,
Pristrent un parlement entr'eles
Et damoisel et damoiseles,
Qui desconseilliées estoient;
Et distrent qu'eles se voloient
Marier molt prochainement.
S'enpristrent à parlement
Une aatine et .I. tornoi
Envers celui de Pomagloi :
L'enprist la Dame de Noanz.
De cels, qui le feront noanz,
Ne tindront parole de rien ;
Mès de cels, qui le feront bien,
Dient qu'el les voudront avoir.

Si firent crier et savoir
Par toutes les terres prochiennes,
Et autresi par les monteignes,
Et firent à molt lonc termine
Crier le jor de l'aatine,
Por ce que plus i eust genz.

Et la Reïne vint dedenz
Le termine, que mis i orent.
Meintenant qu'eles le sorent
Que la Reïne estoit venue,
Cele part ont voie tenue
Li plusor ; tant qu'à la cort vindrent
Devant le Roi. Et si le tindrent
Molt engrant c'un don lor donast,
Et lor voloir lor otroiast.
Le Roi lor a acréanté,
Einz qu'il seust lor volenté,
Qu'il feroit quanqu' eles voudroient.
Lors li distrent qu'eles voudroient
Qu'il sofrist que la Reïne
Venist esgarder l'aatine.
Li Rois, qui refuser ne l' velt,
Dist qu'ele i puet aler, s'el velt.
Celes, qui molt liées en sont,
Devant la Reïne s'en vont ;
Si li dient isnele pas :
— Dame, ne nos retolez pas
Ce que le Rois nos a donné. »
— Et de lor a demandé :
Quel chose est ce ? Ne l' me celez. »
— Lors li dient : — Se vos volez
A nostre aatine venir,
Ja ne vos en quiert retenir ;
Ne ja ne l' vos contredira. »
— Et el lor dit qu'ele ira,
Des que il le congié l'en done.
  Tantost par toute la corone
Les damoiseles revenoient :
Et mandent qu'eles devoient
La Reïne amener au jor,
Qui estoit criez, de l'estor.

La novele par tout ala,
Et loing et près, et ci et là.
S'est tant alée et espandue,
Qu'el réaume en est venue
Dont nus retorner ne soloit.
Mès or qui onques se voloit,
Avoit et l'entrée et l'issue,
Qui avoit esté deffendue.
Tant est par le réalme alée
La novele, et dite, et contée,
Qu'ele vint chiez .I. séneschal,
Méléaganz le desloial,
Le traitor, que maus feus arde!
Cil avoit Lanceloz en garde.
Chiez lui l'avoit en prison mis
Méléaganz ses anemis,
Qui le haiet de grant haïne.
La novele de l'aatine
Sot Lanceloz, et sot le jor.
Puis ne furent si oeil sanz plor,
Ne ses cuers liez, qu'oï l'ot.
Dolenz et pensis Lancelot
Vit la Dame de la meson :
Si l' mist à conseil à reson :
— Sire, por Deu et por vostre ame,
Voir me conoissiez, fet la Dame.
Por coi vos estes si changiez?
Vos ne bevez, ne ne mengiez;
Ne ne vos voi joer ne rire.
Seurement me poez dire
Vostre pensé et vostre envi? »
— Ha! Dame, sé je dolenz sui,
Por Deu, ne vos en merveilliez.
Que voir molt sui desconseilliez,
Quant je estre ne porré là

Où touz li biens dou mont ira,
A l'aatine, où tous asemble
Li pueples, si com terre tremble.
Et ne porquant, s'il vos plesoit,
Et Dex si franche vos fesoit
Que vos aler me lessissiez,
Tout certeinement scussiez
Que vers vos si me contendroie
Qu'en vostre prison revendroie. »
— Certes, fet ele, je l' feisse
Molt volentiers, sé n'i veisse
Ma destruction et ma mort.
Mes je criens mon seignor si fort,
Méléaganz le députaire,
Que je ne l'oseroie faire ;
Qu'il destruiroit mon seignor tout.
N'est merveille, sé je l' redout ;
Qu'el est si fel, com vos savez. »
— Dame, se vos paor avez
Que je tantost après l'estour
En vostre prison ne retour,
.I. serement vos en ferai,
Dont ja ne me parjurerai,
Que ja n'iert riens qui me retieigne
Qu'en vostre prison ne revieigne
Meintenant après le tornoi. »
— Par foi ! fet ele, et je l'otroi
Por .I. covent. — Dam, par quel ? »
 Ele respont : — Sire, par tel
Que le retor me jureroiz ;
Et avec m'aseureroiz
De vostre amor, que je l'aurai. »
— Dame, toute cele que j'ai,
Vos doing je voir au revenir. »
— Or m'en puis à néent tenir,

Fet la Dame tout en riant.
Autrui, par le mien escient,
L'avez bailliée et comandée
L'amor, que vos ai demandée.
Et ne porquant, sanz nus desdeing,
Ce que j'en puis avoir en preing :
A ce que je puis m'en tendrai ;
Et le serment en prendrai
Que vers moi ne vos contendroiz,
Et en ma prison revendroiz. »
 Lancelot tout à sa devise
Le serement sor sainte église
Li fit qu'il revendra sanz faille.
Et la Dame tantost li baille
Les armes son Seignor vermeilles,
Et li cheval qui a merveilles
Estoit biaus, et forz, et hardiz.
Cil monte ; si s'en est partiz,
Armez d'unes armes molt beles,
Trestoutes fresches et noveles.
Sa tant erré qu'à Noanz vint ;
De cele partie se tint,
Et prist fors de la vile hostel.
Onques preudom n'ot mès itel ;
Car molt estoit petiz et bas.
Mès herbergier ne volsist pas
En lieu, où il fust coneuz.
 Chevaliers boens et esleuz
Ot molt el chastel amassez :
Mès plus en ot defors assez ;
Car por la Reïne en i ot
Tant venu, que li quinz ne pot
Ostel avoir dedenz recet.
Et por .I. en i avoit set ;
Dont ja .I. tout seul n'i avoit,

Sé por la Reïne n'estoit.
Bien v liues tot environ
Se furent logié li baron
En très, en pavillons, en tentes.
Dames et damoiseles gentes
I ot tant, que merveilles fu.
Lanceloz ot mis son escu
A l'uis de son ostel defors :
Et il por aèsier son cors,
Fu désarmez et se gisoit
En .I. lit, qu'il molt prisoit.
Estroiz iert et la coute tenvre,
Coverte d'un drap gros de chanvre.
 Lancelot trestouz desarmez
S'estoit sor le lit acoutez.
Là où il ju si povrement,
Estesvos venu en présent
Uns hiraz, qui est en chemise ;
Car en la terune avoit mise
Sa cote avec sa chauceure.
Et vint nuz piez grant aleure,
Desafublez contre le vent.
L'escu trova à l'uis devant :
Si l'esgarda ; mès ne puet estre
Qu'il coneust lui et son mestre.
Ne sot qui porter le devoit.
Avers l'uis de la meson voit :
S'entre enz, et voit jisant ou lit
Lanceloz. Et puis qu'il le vit
Le connut, et puis se seigna.
Et Lancelot li enseigna
Et deffendis qu'il ne parlast
De lui, en leu où il alast ;
Car s'il disoit qu'il le seust,
Meuz li vaudroit que il eust

Les eus trèz ou le col brisié.
— Sire, je vos ai molt prisié,
Fet li hirarz, touz jorz et pris.
N'en tant com je soie vis,
Ne ferai rien, por nul avoir,
Dont mau gré me doit savoir. »
Tantost fors de la meson saut ;
Si s'en vet criant molt en haut :
— Ore est venuz, qui aunera !
Ore est venuz, qui aunera ! »
Ice crie partout li garz.
Et genz saillent de toutes parz ;
Si li demandent que il crie :
Il n'est tant hardiz qu'il le die.
Einz s'en vet criant et meismes.
Et sachiez que dit fu lors primes :
Ore est venuz, qui aunera !
Nostre mestre en fu le hira,
Qui à dire le nos aprist ;
Car premièrement li dist.

Ja sont assemblées les routes,
La Reïne et les dames toutes,
Li chevalier, et l'autre gent.
Molt i ot vallez et serjanz
De toutes pars, destre et senestre.
Et là, où le tornoi dut estre,
Ot unes granz loges de fust,
Por ce que la Reïne i fust,
Et les dames et les puceles.
Einz ne vit .II. loges si beles,
Ne si longues, ne si bien fetes.
Là se sont les dames atrètes
Trestoutes avec la Reïne,
Qui veoir voldront l'aatine,
Et qui le fera meuz ou pis.

Elx menent dis et dis,
Et vint, et .xxx, et .xl,
Ça quatrevinz, et ça nonante,
Ça cent, ça plus et ça .ii.c.
S'est ja l'asemblée si grant
Devant les loges, et entor,
Que cil comencent ja l'estor
Armé et desarmé ensemble.
Les lances .i. grant bois resemblent,
Que tant en i font aporter
Cil qui se vuelent déporter,
Qu'il n'i pert si lances non,
Et banières, et gonfanon.
Li josteor au joster muevent ;
Car compagnons assez i truevent,
Qui por joster venu estoient.
Et li autre se raprestoient
De fère autres chevaleries.

Si sont pleïnes les prairies,
Les arées et les essombres,
Que conter ne puet nus les nombres
Des chevaliers, tant en i ot.
Mès n'i ot point de Lancelot
A cele première assemblée.

Mais quant il vint parmi la prée,
Que le hiraz le voit venir,
De crier ne se pot tenir :
— Véez celui qui aunera !
Véez celui qui aunera ! »
Et il demandent : — Qui est-il ? »
Ne lor en volt respandre cil.

Quant Lanceloz en l'estor vint,
Il seul à l'un du meillor vint ;
S'il commence si bien à fère,
Que nus n'en puet ses euz retrère

De lui esgarder, où qu'il soit.
Devers Pomagloi se tenoit
.I. chevaliers preuz et vaillanz :
Es chevaus estoit saillanz
Et coranz plus que cers de lande.
Cil estoit fiuz au Roi d'Illande,
Qui molt bien et bel le fesoit.
Mès quatre tanz à tous plesoit
Le chevaliers, qu'il ne conoisent.
Testuit de demander s'angoissent :
— Qui est cil, qui si bien le fet ?
Et la Reïne à conseil tret
Une pucele cointe et sage,
Si li dist : — Pucele .I. message
Vos estuet fère; et tost le fètes
A paroles briement retrètes.
Jus de cez loges avalez ;
A ce chevalier m'en alez,
Qui porte cel escu vermeil.
Et si li dites à conseil
Qu'au noans que je li mant. »
  Cele i vet tost et sagement ;
Fet ce que la Reïne viaut ;
Après le chevalier s'aquiaut,
Tant que molt près de lui s'est jointe,
Et li a dit com sage ne cointe,
Que ne s'ot voisin ne voisine :
— Sire, ma Dame la Reïne
Par moi vos mande, et je l' vos dis,
Qu'au noanz. » — Quant il l'oï,
Li respont que molt volentiers,
Com cil qui est suens entiers,
Et lors contre .I. chevalier muet,
Tant com cheval porter le puet :
Et faut, quant il le dut férir.

N'onques puis jusqu'à la serir
Ne fist, s'au pis non qu'il pot,
Por ce que la Reïne plot.
Et li autre, qui le requièrent,
N'ont pas failli. Einçois le fièrent:
Chascuns le fret, chascuns le huie
Et cil se mest tost à la fuie.
Ne por morir rien ne feist,
Sé sa grant honte n'i veist
Et son let, et sa desennor.
Et fet semblant qu'il ait poor
De touz ceus, qui vienent et vont.
Et le chevalier de lui font
Lors risées et lor gabois,
Qui molt le prisoient einçois.
Et le hiraz, qui soloit dire
Cil les veincra toz tire à tire,
Est molt maz et molt desconfiz.
Qu'il ot les gaz et les afiz
De ceus, qui dient : — Or le tèz !
Amis, cist n'aunera hui mès.
Espoir por ce si bien le fist
Qu'onc mès d'armes ne s'entremist,
Qu'il fu si preuz en son venir
Qu'à lui ne se pooit tenir
Nus chevaliers, tant fust loez,
Qu'il feroit comme forsenez.
Or a tant des armes apris
Que jamès, tant com il soit vis,
N'aura mès talent dou porter.
Ses cuers non puet plus endurer,
Qu'el monde n'a riens si coarde. »
   Et la Reïne, qui l'esgarde,
En est molt liée ; et molt li plest,
Qu'ele set bien, et si s'en test,

Que ce est. Lanceloz por voir
Einsinc tout le jor jusqu'à soir
Se fit ci tenir por coart.
 Mès li bas vespres les départ.
Au départir i ot grant plet
De celz, qui i avoient meuz fet.
Le fiz le Roi d'Illande pense
Sans contredit et sanz deffense
Qu'il ait tout le loz et le pris.
Mès lèdement i a mespris,
Qu'asez i a de ses pareuz.
Mès li chevaliers vermeux
Plot au dames et as puceles,
As plus hautes et as plus beles,
Tant qu'eles n'orent à nului
Le jor baé tant come à lui ;
Que bien orent veu coment
Il l'avoit fet premièrement,
Come il estoit preuz et hardiz :
Puis refu si acoardiz
Qu'il n'osoit chevalier atendre ;
Einz le pooit abatre et prendre
Touz le pires, sé il volsist.
 Mez à touz et à toutes sist
Que lendemain tout revendroient
A l'aatine, et si prendroient
Les damoiseles à seignors
Cils qui le jor seroit l'ennors.
 Issi le dient et atornent :
Atant vers les ostex s'entornent.
Et quant il vindrent as ostex,
En plusors leus en ot de tex,
Qui encomencèrent à dire :
— Où est des chevaliers le pire ?
Où est trovez ? où le querrons ?

Jamès trover ne le porrons ;
Quar mauvestié l'en a chacié,
Dont il a tel fès embracié.
S'a pris de lui quanqu'il a.
Onques voir tant ne s'avilla
Proesce, qu'en lui se meist,
Ne que près de lui s'aseist. »
Issi toute nuit se dégenglent
Cil, qui de mal dire s'estranglent.
Mes tex dit sovent mal d'autrui,
Qui molt est pires de celui
Qu'il blasme et que il despit :
Chascuns ce que li plest en dit.
 Lendemain près de lennornée
Refu la gent toute assemblée.
Si revindrent à l'aatine ;
A loges revint la Reïne,
Et les dames, et les puceles.
Si ot chevaliers avec eles ;
Et cil les armes lor devisent
Des chevaliers, que il plus prisent.
Entr'aus dient : — Véez vos or
Celui a cele bende d'or
Parmi cel escu de bellic ?
C'est Covoiteux de Génedic.
— Et véez vos celui après,
Qui a son escu de ciprès,
Qui porte .I. aigle et .I. dragon ?
C'est li fiz le Roi d'Aragon,
Qui venuz est de ceste terre
Por los et por ennor conquerre.
— Et véez vous celui de jouste,
Qui si bien point, et si bien jouste,
A cel escu vert d'une part ?
S'a sor le vert peint .I. liépart ;

Et d'azur est l'autre moitiez.
C'est Ignaines li Covoitiez,
Li amerres, et li plesanz.
— Et cil qui porte les fesanz
En son escu peint bec à bec?
Ce est Coiquilaz Mavurec.
— Et véez vos ces .II. delèz,
Sor ces .II. chevaux pomelez,
As escuz d'or, aux lions bis?
Li uns a non Sémiramis;
Et li autres ses compeinz.
Sont d'un semblant lor escu teinz.
— Et véez vos celui porte
En son escu peint une porte,
Que semble qu'il en isse .I. cois?
Par foi! ce est li fiz le Rois?
    Issi devisoient des loges :
— Cil escuz fu fez à Lymoges.
Si l'en aporte Pyladès,
Qu'il vaut en estor estre adès.
Molt le désirre et galouse.
— Cil autres fu fez à Toulouse,
Et si loreins et si poitraux.
Si l'en aporta Kès de Traux.
— Cil vint de Lyon sor le Rone;
N'a nul si bel desouz le trone.
Se fu por une grant désserte
Doné Tallas de la deserte. »
Issi devisent et déboissent
Les armes de cils, qu'il conoissent.
    Mès de celui mie ne voient
Qu'en tel despit eu avoient.
Si cuident qu'il s'en soit emblez,
Quant en l'estor n'est assemblez.
Quant la Reïne point ne le voit,

Talent li prent qu'ele envoit
Les rens cerchier, tant qu'ele truisse.
Ne sot qui envoier i puisse,
Qui melz enquière de celui,
Qui ier i ala de par lui.
Tot meintenant à lui rapele
Si li dist : — Alez, Demoisele,
Monter sur vostre palefroi.
Au chevalier Diex vos envoi.
Si l' quérez, tant que vos l'aiez.
Por rien ne vos en délaiez :
Et si le redites encor
Qu'au noanz, le reface or.
Et quant vos l'en auroiz semons,
Entendez bien à ses respons. »
 Cele de rien ne s'en retarde,
Qui bien s'estoit donée garde
Le soir quel part il torneroit.
Por ce que sans doute savoit
Qu'ele i reseroit envoié.
Parmi les très s'est avoié,
Tant qu'ele vit le chevalier.
Si le va tantost conseillier
Qu'encor au noanz le face,
Savoir velt s'amor et sa grace ;
Car la Reïne le li mande.
Et cil, dès qu'ele li comande,
Li respont : — la soe merci. »
Tantost com el se départi.
 Et lors comencent à huier
Vallet, serjant et escuier,
Et dient tuit : — Véez merveilles ;
Car cil d'ier as armes vermeilles
Est revenuz ! Mès que quiert il ?
Il n'a el monde rien si vil,

Si despite, ne si faillie.
S'il a mauvestié en baillie,
Qu'il ne puet rien contre lui faire.
Et la pucele s'en repaire ;
S'est à la Reïne venue,
Qui molt l'a près corte tenue,
Tant que la response ot oïe ;
Dont ele s'est molt esjoie,
Por ce que ele set sanz doute
Que ce est cil, qui ele est toute
Et il touz suens sanz nule faille.
A la pucele dit qu'ele aille
Molt tost arrière, et si li die
Qu'ele li comande et prie
Face le meuz que il porra.
Et cele dit qu'ele i ira.
  Si li ala meintenant dire :
— Ce vos mande ma Dame, Sire,
Que tout le meuz que vos porroiz. »
— Et il respont : or li diroiz
Qu'il n'est rien nule qui me griet
A fère, dès que il li siet.
Car quantque li plest m'atalente. »
  Lors ne fu mie cele lente
De son message reporter ;
Car molt en cuide déporter
La Reïne et esléescier.
Quanque ele se pot adrécier,
S'est vers les loges adreciée.
Et la Reïne s'est dreciée,
Si li est à l'encontre alée.
Mès n'est mie jus dévalée ;
Einz l'atent au chief sore degré.
Et cele vient, qui molt à gré
Le sot son mesage conter.

Les degrez comence à monter ;
Et quant ele est venue à lui
Si li dist : — Dam, onques ne vi
Nul chevalier tant débeonnaire
Qu'il velt si outréement faire
Trestout quanque vos li mandez.
Car sé le voir m'en demandez,
Au tel chière fet par igal
Dou bien fère come dou mal. »
— Par foi, fet ele, bien peut estre. »
Lors s'en retorne à la fenestre
Por les chevaliers esgarder.
 Et Lancelot sanz retarder
L'escu par les enarmes prent :
Car volentez l'art et esprent
De mostrer toute sa proesce.
Le col de son cheval adresce
Et laisse corre entre .ii. rens.
Tuit furent esbahi par tens,
Si déceu, si amusé,
Qui en lui gaber ont usé
Dou jor grant pièce et de la nuit.
Molt se sont longuement déduit,
Et déporté, et solacié.
Par les enarmes tuit contracié
Tint l'escu le fiz le Roi
D'Illande, et point à grant desroi
De l'autre part encontre lui :
Si s'entrevienent ambedui,
Si que le fiz le Roi d'Illande
De la jouste plus n'i demande ;
Car sa lance fraint estrouse;
Car n'ot mie feru sor mouse,
Mès sor ès dures et sor seches.
Lancelot une de ses teches

Le aprist à icele jouste,
Que l'escu au braz li ajouste,
Et le bras au costé li serre :
Si l' porte dou cheval à terre.
 Tantost chevalier descochent,
D'ambedeus pars poignent et brochent,
Li un por celui descombrer,
Et li autre por encombrer.
Li un lor seignor aidier cuident ;
Mès des plusors les seles vuident
En la mellée et en l'estor.
 Mès onques de trestout le jor
Gauvains d'armes ne se mella,
Qui iert les autres de là,
Qu'a esgarder tant lui plesoit
Les proesces, que il fesoit,
As armes de synople teintes,
Qu'estre li sembloient esteintes
Celes que li autre fesoient,
Qui vers les soes ne paroient.
Et le hiraz se resbaudist
Tant que oianz toz molt en haut dist :
— Or est venuz qui aunera !
Huimes verrons que il fera !
Huimes i parra sa proesce ! »
 Et lors li chevaliers s'adresce
Son cheval, et fet une pointe
Encontre .I. chevalier mot cointe ;
Et fiert, si qu'il le porte jus
Loing dou cheval .C. piez et plus.
Si bien à fère le comence
Et de l'espée et de la lance
Qu'il n'est riens, qui armes ne port,
Qu'à lui veoir ne se déport.
Car grant déport est de veoir

Com il fait tumber et cheoir
Chevaux et chevaliers ensemble.
Guères à chevalier n'asemble
Qu'en sele dou cheval remeigne;
Et les chevaux que il gaaigne
Donoit à touz celz qui voloient.
 Et cil qui gaber le soloient,
Dient : — Honi somes et mort ;
Molt avomes eu lait tort
De lui despire et aviler.
Certes il vaut bien .i. millier
De tex a en cest champ assez,
Qu'il a si veincuz et quassez. »
 Et les demoiselles disoient,
Qui à merveilles l'esgardoient,
Qu'à lui se voldrent marier.
Mès tant ne s'osoient fier
En lor biautez, n'en lor richeces,
N'en lor pooir, n'en lor hauteces;
Que por biauté ne por avoir
Nules d'els ne deignast avoir
Cist chevaliers, qui tant est preuz.
Et ne porquant si font lor veuz
Les plusors d'eles, qu'eles dient
Que s'à cestui ne se marient,
Ne seront oan mariées,
N'à mari, n'à seignor données.
Et la Reïne qui entent
Ce dont eles se vont vantant,
A lui meime en rit et gabe.
Bien set que por tot l'or d'Arrabe,
Qui trestout devant lui metroit,
La meillor d'eles ne prendroit,
La plus bele, ne la plus gente,
Cil qui à toutes atalente.

Et lor volentez est commune
Qu'avoir le voudroit chascune
Por ce que si adroit le voient,
Qu'eles ne pensent ne ne croient
Qu'hom terrien, tant lor plesoit,
Puist fère ce qu'il fesoit.
  Si bien le fist, qu'au départir
Afichoient tuit sanz mentir
Que nus n'avoit à pareil
Cil qui portoit l'escu vermeil.
Trestuit le distrent ; et voirs fu.
  Mès au départir son escu
Lessa en la presse cheoir
Là, où plus grant la pot veoir,
Et sa lance et ses couvertures.
Puis se mist ès grantz aleures :
Si s'en ala si en emblée
Que nuz de toute l'asemblée,
Qui la fu, garde ne s'en prist.
Issi à la voie se mist ;
Si s'en ala à grant exploit
Là, où dont venuz s'en estoit,
Por aquiter son serement.
  Au partir dou tornoiement
Le quistrent et demandent tuit.
Ne l' treuvent point, qu'il s'en fuit,
Qu'il n'a cure qu'en le conoisse.
Grant duel en ont et grant angoisse
Li chevalier, qui en feissent
Grant joie, sé il le tenissent.
Les damoiselles, quant le sorent,
Assez plus grant pesance en orent ;
Et dient que par saint Johan
Ne se marieront oan !
Quant celui n'ont, que eles aiment.

Trestouz les autres quites claiment.
L'aatine issi départi,
C'onques nule n'en prist mari.
   Et Lancelot pas ne séjorne ;
Mès tost vers le païs retorne.
Mais li Sénéchauz vint einçois
Que Lancelot .II. jorz ou trois.
Si demande où il estoit.
Et la dame, qui li avoit
Ses noveles armes baillées
Teles et bien apareilliées,
Et son harnois, et son cheval,
En dist le voir au Séneschal ;
Coment ele lot envoié
Là, où l'en avoit tornoié
A l'aatine de Noanz.
— Ne penssiez fère noanz,
Dame ? voir, fet li Seneschaux,
Molt m'en vendra, ce cuit, granz maux !
Que mesires Méléaganz
Me fera pis que li géanz ;
Qui en la mer fu périlliez.
Morz en serai et essilliez,
Meintenant que il le saura ;
Car ja de moi pitié n'aura.
— Biau Sire, or ne vos esmaiez,
Fet la Dame ; ne n'en aiez
Tel poor, qu'il ne vos estuet.
Car riens nuls tenir ne l' puet ;
Car il le me jura sor Sainz
Qu'il revendra : ne porroit einz. »
   Li Seneschaux meintenant monte ;
A son seignor vient, et si li conte
Toute la chose et l'aventure.
Mès de ce molt le raseure

Qu'il li dist con fetement
La dame en prist le serement
Qu'il revendroit en la prison.
— Il n'en fera ja mesprison,
Fet Méléaganz, bien le sai.
Et ne porquant grant duel en ai
De ce que vostre fame a fet.
Je ne l' volsisse por nul plet
Qu'il eust esté en l'estor !
Mès or vos metez el retor ;
Et gardez quand il est venuz
Qu'il soit en tel prison tenuz
Qu'il n'isse de la meson fors,
Ne n'ait nul pooir de son cors.
Et meintenant le me mandez. »
— Fet est, si com vos comandez
Fet li Séneschaux. » Si s'en va.
Et Lancelot venu trova,
Que prison revoit en sa cort.
.I. messager arrières cort,
Que li Seneschaux i envoie
A Méléaganz droite voie ;
Et si mande de Lancelot,
Qu'il est venuz. Et quant il l'ot,
Si print maçons et charpentiers,
Qui à enviz ou volentiers
Firent ce qu'il lor commanda.
Les meillors dou païs manda ;
Si lor deist que il li feissent
Une tour, et peine i meissent ;
Et qu'ele fust molt tost fete.
Sor la mer fu la pierre trete
Près dou chastel, en qui delez
Cort .I. braz de mer lons et lès.
Emmi le braz .I. isle avoit,

Que Méléaganz bien savoit.
S'i comanda la pierre atrère,
Et le mortier por la tor fère.
En moins de LVII jors
Fu parfete toute la torz,
Haute et espesse et bien fundée.
   Quant ele fut bien atornée (1),
Lancelot amener i fist
Par nuit et en la tor le mist.
Puis comande les huis murer;
Et fest touz les maçons jurer
Que par els de cele tor
Ne sera parlé à nul jor.
Issi volt qu'ele fust celée,
Ne n'i remest huis ne entrée,
Fors une petite fenestre.
Léenz convint Lancelot estre.
Si le donoit l'en à mangier
Molt povrement et a dangier
Par cele fenestre petite,
A hore devisée et dite ;
Si com l'ot dit et comendé
Le felz, pleins de deslaiauté.
Or est tout fet quanqu' il velt ;
Méléaganz lors si s' s'aqueut
Droit vers la cort li Roi Artu.
Estes le vos ja là venu.
Et quand il vint devant le Roi,
Molt pleins d'orgueil et de desroi,
A commencié sa reson :
— Rois, devant toi, en ta meson
A .I. une bataille aramie.

(1) Ici fiuit le roman conté par Chrestien de Troyes ;
ce qui suit est l'œuvre de Godefroy de Lagny.

Mès de Lancelot n'i voi mie,
Qui l'a emprise encontre moi.
Et ne por quant, si com je doi,
Ma bataile, oianz toz, présent,
Cels que céens voi en présent.
Et s'il est céenz, avant viegne,
Et soit tex que covent me tiegne
En vostre cort d'ici en .I. an !
Ne sai s'onques je vos dist l'an,
En quel manière et en quel guise
Ceste bataille fu emprise :
Mès je voi chevaliers céenz,
Qui furent à noz convenanz;
Et bien dire le vos sauroient,
Sé le voir conoitre en voloient.
Mès s'il le me voloit noier,
Ja n'i loerai soldoier.
Eins le mosterrai vers son cors. »
 La Reïne, qui séoit lors
De lèz le Roi, à soi le tire ;
Si li a commencié à dire :
— Sire, savez qui est cest ?
C'est Méléaganz, qui me prist
El conduist Kès le Séneschal :
Assez li fist et honte et mal. »
Li Roi li a tost répondu :
— Dame, je l'ai bien entendu.
Je sai molt bien que ce est cil,
Qui tenoit ma gent en essil. »
La Reïne plus n'en parole.
 Vers Méléaganz sa parole
A le Roi torné ; si li dit :
— Amis, fet il, se Dex m'aist,
De Lancelot nos ne savons
Noveles, dont molt nos dolons. »

— Sire Rois, fait Méléaganz,
Lancelot me dist que céenz
Le troveroie je sans faille.
Ors je ne dois ceste bataille
Semondre, s'en vostre cort non.
Si vueil que trestuit cist baron
Que ci truis, m'en portent tésmoing.
Que d'ici en .I. an la semoing
Par les covenz, que nos feismes,
Là où la bataille en preismes. »
　A ces mots en estant se liève
Mesire Gauvains, que molt griève,
Et dist : — Sire, de Lancelot,
(Quant la parole entendue ot)
N'a point en toute ceste terre :
Mès nos l'envoieromes querre.
Sé Deu plest, si l' trovera l'en,
Einçois qu'en viegne au chief de l'an,
S'il n'est morz ou enprisonez.
Et s'il ne vient, si me donez
La bataille : je la ferai.
Por Lancelot m'en armerai
Au jor, sé il ne vient einçois. »
— Ah! fet il, biau Sire Rois,
Fez Méléaganz, donez li :
Il le velt et je le vos pri.
Qu'el monde chevalier ne sai,
A cui si volentiers m'essai,
Fors que Lancelot seulement.
Et sachiez bien certeinement,
S'a l'un des deux ne me combat,
Nul eschange ne nul achat
Fors à .I. des .II. n'en prendroie. »
Et li Rois dit que il l'otroie,
Si Lancelot ne vient dedenz.

A tant s'en part Méléaganz
De la cor le Roi. Si s'en va.
Ne fina tant que il trova
Le Roi Baudemagus son père.
Qu'il est preux et de grant afère,
Comença un semblant à fère
Et une chière merveilleuse.
Ce jor tenoit cort molt joieuse
Le Rois à Bade sa cité :
Lors fu de la Nativité.
Por ce la tint plenière et granz.
Si ot avec lui ne sai qnanz
Chevaliers, dames et puceles.
Mès une en i ot avec eles,
Qui suer était Méléaganz,
Dont bien vos dirai ça avant
Mon pensé et m'entention,
Por coi j'en ai fait mention :
Mès n'afiert pas à ma matire
Qu'au droit conte li cuers me tire.
Ne vueil mon conte déloier,
Ne corrompre, ne forvoier,
Mès mener boen chemin et droit.
Or le vos dirai là endroit,
Où Méléaganz est venuz
Que, oianz touz gros et menuz,
Dist à son père tout en haut :
— Pères, fet il, sé Dex me saut
S'il vos plest, or me dites voir
Sé cil ne doit grant los avoir,
Et s'il n'est molt de grant vertu,
Qui à la cort le Roi Artu
Par ses armes se fet douter? »
Li pères, sanz plus escouter
A sa damende, li respont :

— Fiz, fet il, icil, qui boen sont,
Doivent ennorer et servir
Celui, qui ce puet déservir,
Et meintenir sa compeignie. »
Lors s'esbaudist, et si li prie,
Et dit qu'il ne li soit teu
Por qu'il a ce amenteu,
Qu'il quiert, qu'il velt, ou qu'il covient?
— Sire, ne sai s'il vos sovient,
Fet se donques Mèléaganz,
Des esgarz et des convenanz
Qui dit furent et recordé,
Quant primes fumes acordé
Et je et Lancelot ensemble?
Là fu esgardé, ce me semble,
Et devant plusors nos dist l'en,
Que nos fuissons au chief de l'an
A la cort Artu prest andui.
G'i alai, quant aller i dui;
Tout ce, que j'oi à fère, i fis.
Lancelot demandai et quis,
Contre cui je devois ovrer.
Mès ne l' poi veoir ne trover;
Fuiz s'en est et destornez.
Or si m'en sui par tel tornez
Que Gauvains m'a sa foi plevie
Que sé Lancelot n'est en vie,
Et sé dedenz le termine mis
Ne vient, bien m'a dit et promis
Que ja respiz pris n'en sera.
Mès il meisme la fera
Encontre moi por Lancelot.
Artus n'a chevalier qu'en lot
Tant com cestui; bien est seu.
Mes ainz que florissent seu

Verrai ge, s'au fère venons,
S'au fet s'acorde li renons.
Et mon vuel seroit orendroit. »
— Fiz, fet li pères orendroit,
Te fès 'tu ci tenir por fol ?
Or te tès ; que devant ne l' sot
Par toi meismes ta folie.
Voirs est que li boens cuers s'oublie ;
Mès li foux et li sorcuidiez
N'iert ja de folie vuidiez.
C'est ce qui molt t'abessera.
Sé tu es preuz, adès sera
Qui le bien en tesmoignera
A l'ore qu'il besoignera.
N'estuet pas losengier loer
Por fet de preudome loer ;
Car le fez meimes se loe.
Neis la monte d'une aloe
Ne t'aide à monter en pris
Les loz : mès assez meins en pris.
Fiz, je te chasti ; mès qu'en chaut ?
Quauqu'en dit à fol petit vaut.
Einçois est alez et perdue. »
Esvos molement esperdu,
Méléaganz et forsené ;
Que nul hom de mère né,
(Ce vos ose je por voir dire)
Ne l' veistes ausï plein d'ire
Come il estoit : et par corroux
Fu ilecques li festuz rouz.
Que de nule rien ne blandist
Son père : einçois li a dit :
— Est ce songes, ou vos resvez
Que distes que je sui desvez ?
Por ce que je vos cont mon estre,

Com mon seignor à cui doi estre,
A vos venu, et come à père ?
Mès ne semble pas qu'il i père :
Que plus vilment me ledoiez,
Ce m'est avis, que ne doiez.
Ne reson dire ne savez
Por coi en commencié l'avez. »
— Si fes je; et vos de quoi :
Car nule chose en toi ne voi
Fors solement folie et rage.
Je connois molt bien ton corage,
Qui encor grant mal te fera.
Mal dahe ait ja, qui cuidera
Que Lancelot li bien apris,
Qui de touz fors de toi a pris,
S'en soit por ta crieme foiz !
Mès espoir il est infoiz ;
Ore en est prison enfermez,
Dont le huis est si fort enserrez
Qu'il ne puet issir sans congié.
Certes c'est chose dont gie
Seroie molt forment iriez
S'il estoit mal mis n'empirez.
Mès c'est mençonge, se Deu plest ! »
 A tant Baudemaguz se test;
Mès quanqu'il ot dit et conté
Ot entendu et escouté
Une soe fille pucele,
(Or sachiez bien que ce fu cele,
Que j'ai amentu en mon conte)
Qui n'est pas liée quant l'en conte
Tex noveles de Lancelot.
Bien aperçoit qu'en le celot,
Quant l'en n'en set ne vent ne voie.
Et dit donc que ja Deu ne voie,

Quant ele mès reposera,
Jusqu'à tant qu'ele en saura
Novele certaine et veraie.
  Meintenant sanz nule délaie,
Sanz noise fere et sans murmure
S'en cort monter sur une mure,
Molt bele et molt soef portant.
Mès d'une part vos di or tant
Qu'ele ne set onques quel part
Torner, quant de la cort départ :
N'ele ne s'est, n'ele ne rueve ;
Mès el premier chemin qu'el trueve
Se met et vet grant aleure
Ne set où, mès par aventure,
Sanz chevalier et sans serjant.
Molt se haste estrangement.
Aura meint païs reverchié
Et molt alé et molt cerchié,
Einz que nule novele en oie.
Mès que vaudroit, sé je acontoie
Ne ses gistes ne ses jornées ?
Mais tantes voies a tornées
Amont, aval, et sus et jus,
Que passez fu li mois et plus,
C'onques plus aprendre n'en pot
Ne meins ce que devant en sot ;
Et c'iert nient tout en travers.
  .I. jor s'en aloit à travers
Un chans, molt dolente et pensive :
Et vist bien loing jouste une rive,
Lez .I. braz de mer, .I. tour.
Nus n'avoit d'une liue entor
Meson, ne buiron, ne repaire.
Méléaganz l'ot fete faire,
Que Lancelot mis i avoit.

Mès cele néant n'en savoit ;
Et si tost com el l'ot veue,
I a si mise sa veue
Qu'aillors ne l'atorne ne met.
Et ses cuers li dit et promet
Que c'est ce qu'ele a tant chacié.
Mès ore en est venue à cié
Qu'à droite voie l'a menée
Fortune, qui tant l'a penée.
  La pucele la tour aprouche,
Et ja est si près qu'el la touche.
Encor vet, oreille et escoute,
Et i met s' entention toute,
Savoir mon se ele i oïst
Chose dont ele s'esjoïst.
Aval esgarde et amont bée.
La tour avoit fort, et haute, et lée.
Merveille soi que ce puet estre,
Quant el n'i voit huis ou fenestre,
Fors une petite et estroite.
En la tor, qui est haute et droite,
N'avoit eschele ne dégré.
Bien set que l'en la fet de gré,
Et que Lancelot soit dedenz :
Mès einz qu'ele menjust des denz
Saura sé ce est voirs ou non...
Lors le velt apeler par non ;
Apeler voloit Lancelot :
Mès ce la retarge qu'ele ot,
En dementiers qu'el se tesoit,
Une voiz qui .I. duel fesoit
En la tour merveilleuse et fort ;
Qu'el ne queroit el que la mort.
Sa vie et son cors despisoit
A la fiée ; si disoit

Foiblement, qu'ele est basse et roe :
— Ahi Fortune ! com ta roe
Mest ore laidement tornée !
Ledement la m'as bistornée.
Molt feis mal. Mès toi qu'en chaut !
A néent t'est coment qu'il aut.
Ha Sainte Croiz ! Sains Esperiz !
Com sui perduz ! com sui periz !
Com sui dou tout en tout alez !
Ha, Gauvains ! vos qui tant valez,
Por coi vos ne me secorez ?
Certes trop vos i demorez.
Si ne festes pas cortoisie.
Bien deust estre vostre aïe
Cil que tant souliez amer.
Certe de ça ne de la mer,
Ce puis je bien dire sans faille,
N'eust d'estour ne repostaille
Où je ne vos eusse quis
A tout le meinz v ans ou vi,
Sé enprisoné vos seusse,
Einz que trové ne vos eusse.
Mès de quoi me vois debatant ?
Ne vos en est mie atant
Qu'entrer en voilliez en la poine !
Li vileins dit bien que à peine
Puet l'en .i. boen ami trover.
De légier peut l'en esprover
Au besoing qui est boens amis.
Las ! plus a d'un an qu'il m'a mis
Ici en iceste prison.
Certes je tieing à mesprison,
Gauvains, que lessié m'i avez.
Mès espoir vos ne le savez !
Espoir je vos en blasme à tort !

Certes voirs est, bien m'i acort.
Et grant outrage et grant mal fis,
Quant je de ce vos ai repris!
Mès c'est néens ; ce ne puet estre.
Ha! de Deu et de saint Cervestre
Soit destruiz, et Dex le destruie,
Cil qui à tel honte m'estuie!
C'est li pires qui soit en vie,
Méléaganz qui par envie
M'a fet tout le pis que il pot! »
 Atant s'acoise ; atant se tot
Cil, qui a doulor sa vie use.
Mès lors cele, qui amont muse,
Quanque il dist ot entendu ;
N'a plus longuement atendu.
Or set c'or est bien asenée.
Lors apele come senée.
Lancelot, quanqu'el puet et plus :
— Amis, vos qui estes lassus,
Parlez à une vostre amie! »
Mès cil oïe ne l'a mie.
Icele et plus et plus s'efforce
Tant que cil, qui n'a point de force,
S'entendi et se merveilla
Que pot estre qui l'apela.
Fantomes cuide que ce soit ;
Tout entor soi esgarde et voit
Savoir mon s'il n' veist nului ;
Mès ne voit fors le tor et lui.
— Dex, fet il! Qu'est-ce que je oï?
J'oï parler, et néent ne voi.
Espoir s'il m'avenist en songe,
Je cuidasse ce fust mençonge.
Mès je veil ; et por ce me griève.
Lors à quelque poine se liève,

Et vet vers le pertuis petit
Floibement, petit et petit.
Quant sa veue a mise fors,
Si come il pot esgarder lors,
Vers cele qui huché l'avoit;
Ne la conoist, quant il la voit.
 Mès ele conust tantost lui ;
Si li dist : Lancelot, je sui
Por vos querre de loing venue.
La chose est or si avenue,
Dex merci, qu'or vos ai trové.
Je sui cel qui vos a rové,
Quant au pont de l'espée alates,
Un don ; et vos le me donastes
Molt volentiers, quant je l' vos quis :
Ce fu d'un chevalier conquis
Le chief, que je vos fis trenchier,
Que je point ne l'avoie chier.
Por ce don et por cet servise
Me sui en ceste poine mise :
Por ce vos metrai fors de ci. »
— Pucele, la vostre merci,
Respondi li enprisonez.
Bien me sera gueredonez
Le servises, que je vos fis,
Sé de ci estoie fort mis.
Et sé ja Dieu voie en la face,
Jamès n'iert jor que je ne face
Quanque vos plera demander.
Ne ja ne sauroiz demander
Chose nule, por quoi je l'aie,
Que vos ne l'aiez sanz délaie. »
— Amis, ja de ce ne doutez
Que bien n'en soiez fors boutez.
Hui seroiz desclos et délivres.

Je ne l' leroie por .m. livres
Que forz ne soiez einz le jor.
Lors vos metrai à boen séjor,
A grant repos et à grant èse.
Ja n'aurai chose, qui vos plèse,
Que ne l'aiez à bele chière :
Ja tant n'iert reposte ne chière,
Sé vos l'amez, que ne l'aiez.
Ja de ce ne vos esmaiez.
Mès einçois me convient porquerre,
Ore que soit ci en ceste terre,
Aucun enging, sé je le truis,
Dont puissiez creistre ce pertuis,
Sé viaux tant qu'issir en puissiez. »
— Et Dex doint que vos le truissiez !
Fet se cil, qui bien si acorde.
Et j'ai céenz à plenté corde,
Que li cuvert baillié mi ont
Por traire mon mengier amont
Plein d'orge dur et eve trouble,
Que le cors et le cuer me trouble. »
 Lors la fille Baudemagu
.I. pel fort et molt bien agu
Le quiert tant que ele le baille
Celui, qui tant i hurte et maille,
Qu'issuz s'en est tout largement.
Or est en grant alegement ;
Or est au large et à l'essor.
Et sachiez bien que por tot l'or,
Qui est espandu par tout le mont,
Qui tout le meist en un mont
Et tout li donast et solsist,
Arrières estre ne volsist.
 Evos desserré Lancelot,
Qui si ert vains qu'il chancelot

14

De vanité et de foiblesse.
Cele si soef, qu'ele ne l' blece,
Le met devent soi sor sa meure.
A tant s'en vet à grant aleure
La pucele ; et si se desvoie
Tant de gré por ce qu'en nes voie,
Et chevauche tout sagement.
Car s'ele aloit apertement,
Espoir assez tost lor neust
Aucuns, s'il les reconeust.
Et se ne volsist ele pas :
Por se eschive les maus pas.

 Et est venu à .i. repère,
Où sovent séjorne et repère,
Por ce que biaus estoit et genz.
Et le repères et les genz
Erent en son coment dou tout.
Si estoit plantéis de tout
Li leus, et seurs, et privez.
 Là est Lancelot arrivez ;
Et lorsqu'il i est venuz,
Quant il fu despoilliez et nuz,
En une haute et bele couche
La pucele soef le couche ;
Puis le baigne, puis le conroie,
Si très bien que je ne porroie
La moitié aconter ne dire.
Soef le manie et atire,
Ausi com el feist son père.
Tout li renovele et repère :
Et la pucele quis li ot
Robe, la plus bele qu'ele pot,
Dont au lever se revesti ;
Et cil de joie la vesti.
Plus legiers qu'oisel qui vole,

La pucele bese et acole.
Puis li dist amiablement :
— Pucele, fet il, solement
A Deu, et à vos rent merciz
De ce que sains sui et gariz.
Par vos sui de prison estors.
Por ce poez et cuer et cors
Et mon trésor et mon avoir,
Quant vos plera, prendre et avoir.
Tant m'avez fait que vostre sui.
Mès grant pièce a que je ne fui
A la cort Artus mon seignor,
Qui m'a porté molt grant ennor.
Et g'i auroie assez à fère.
Or douce Amie et déboennère,
Par amor si vos proieroie
Congié d'aler. I ge iroie,
S'il vos plesoit, moit volentiers. »
— Lancelot, biaus douz Amis chiers,
Fet la pucele, je l' veil bien :
Car vostre ennor et vostre bien
Vels je par tout, et ci et la. »
.I. merveilleus cheval qu'ele a,
Le meillor c'onques veist nus,
Li done. Et Lancelot saut sus.
Lors à Deu, qui onques ne ment,
S'entrecomandent boennement.
Lancelot s'est mis à la voie
Si liez que, sé juré l'avoie,
Ne porroie por nule poine
Dire la joie qu'il demaine.
Mès or dit sovent et menu
Que mal la en prison tenu
Li traitres, li forligniez,
Qui est gabez et engigniez.

Que vueile ou non, si est il fors!
Lors jure le cuer et le cors
Celui qui tout le mont cria,
Qu'avoir ne richece n'a
De Babiloine jusqu'à Ganz,
Por qu'il laissast Méléaganz
S'eschaper, s' au mains le tenoit
Et audesus de lui venoit;
Car trop li a fet let et honte.
   Mès li afere à ce monte
Que par tens en iert à meismes
Que cil Méléagans meismes,
Qu'il menace et tient ja si cort,
Estoit ce jor venuz à cort,
Sans ce que nus ne li manda.
Et, lues qu'il i fu, demanda
Tant mon siegnor Gauvains qu'il l'ot.
Puis li enquiert de Lancelot
(Li faus, le traitres provez!)
Sé puis fu venuz ne trovez,
Ausinc com s'il n'en seust rien.
— Non, fesoit il. — Ne l'sot pas bien;
Mès il le cuidoit bien savoir.
Et Gauvains li a dit por voir
Que il ne vint, n'il ne l'vit puis.
— Dès qu'issi est qu'avoir ne l' puis,
Fet Méléaganz, donc venez;
Et mon covenant me tenez;
Car plus ne vos en atendrai. »
— Ce, fet Gauvains, bien vos tendrai. »
   Lores Gauvains sanz plus atendre
Comande ruer et estendre
Ilec devant lui .I. tapi.
Ne se sont mucié ne tapi
A son comant li escuier.

Mès sanz grondre et sanz ennuier,
De ce qu'il rueve s'entremetent.
Le tapi aportent; si mestent
Cele part, où il comanda.
Lors s'asiet cil, qui le manda,
De desus; et armer se rueve
As vallez, que devant lui treuve.
Cil l'arment si bel et si bien,
Qu'il n'i a souz le monde rien,
Dont nuz hom reprendre les puisse,
Por mesprison nule qu'il truisse
En chose qu'il i aient fet.
Quant l'ont armé li uns d'eus vet
Amener .i. destrier d'Espeigne
Tel, que plus cort par la Champeigne,
Par bois, par terres et par vaux
Que ne fet uns autres chevaux.

 El cheval, tel com vos oëz,
Monte le chevaliez loez.
Et ja voloit son escu prendre,
Quant il vit devant lui descendre
Lancelot, dont ne se gardoit.
A grant merveille l'esgardoit
Por ce qu'issi soudenement
Est venuz; et sé je ne ment,
Merveilles li sont avenues
Ausinc grant, con s'il fust des nues
Devant lui cheuz meintenant.
Mès lors ne l' vet riens détenant
Ne besoing qu'il poist avoir,
Quant il voit que c'est il por voir,
Qu'à terre ne soit descenduz.
Puis li a ses braz estenduz,
Si l'acole, et salue, et bèse:
Or à grant joie, or est à èse.

Ja set li Rois, ja sevent tuit
Que Lancelot, qui qu'il ennuit,
Qui let pièce a esté gaitiez,
Est venuz, et sauf, et hétiez.
Grant joie en font trestuit ensemble.
Et por lui festoier s'asemble
La corz, qui lonc tans l'a baé.
N'i a nul, ne de grant aé
Ne de petit, joie ne face.
Joie si depièce et efface
La doulors, qui ençois iert :
Le deus s'enfuit. Si s'i apert
La joie, qui forment revele.
 Et la Reïne n'i vint ele
A cele joie, que l'en meine ?
Oïl, voir toute primeraine.
Si c'est voir, ele en est si près
Que poi s'en faut, si en va près,
Que li cors le cuers ne senteit.
Où est donc li cuers ? Il beseit
Et conjoissoit Lancelot.
Et le cors por quoi si celot ?
Porquoi n'est la joie enterine ?
A il donc corrouz ne haïne ?
Nenil, onques ne tant ne quant ;
Mès puet cel estre li anquant,
Li rois, li autre qui là sont,
Qui lor euz espanduz i ont,
Aperceussent tost l'afère,
Sé issinc le vousissent fère
Issi, com li cuers li vousist.
Et sé reson ne li tolist
Ce fol pensé et cele rage,
Si veissiez tout son corage.
Lors a mis la chose en respit

Jusqu'à tant qu'el voie et espit
.I. boen leu, et .I. plus privé,
Qu'il i soient melz arivé
Qn'or ne seroient à ceste hore.
  Li Rois Lancelot molt ennore;
Et quant assez l'ot conjoï,
Si li dist : — Amis, je n'oï
Pieça de nul home noveles
Certes, qui me fussent si beles,
Com de vos. Mès molt m'esbahis
En quel terre, n'en quel païs
Vos avez si grant pièce esté?
Et tout iver et tout esté
Vos ai fet querre et sus et jus :
Onque trover ne vos pot nus. »
— Certes, fet Lancelot, biaus Sire,
A briès paroles vos vueil dire
Tout si come il m'est avenu.
Méléaganz si m'a tenu,
Le faus traitres, en prison,
Dès cele hore que li prison
De sa terre furent délivre.
Si m'a fet à grant honte vivre
En une tor, qui siet sor mer.
Là me fist metre et enfermer.
Là menasse encor dure vie,
Sé ne fust une moie amie.
Cele, por assez petit don,
M'a rendu large guerredon :
Grant ennor m'a fet et grant bien.
Mès celui que je n'aim de rien,
Qui ceste honte et cest meffet
M'a trové et porquis, et fet,
Voudrai rendre le paiement
Orendroit, sanz délaiement.

Il l'est venu querre ; et il l'ait.
Si n'estuet pas qu'il s'en délait
Por l'atendre, que tout est prest,
Le gaainz, la monte et le prest.
Mès ja Dex ne doint qu'il s'en lot ! »
   Lors dist Gauvains à Lancelot :
— Sire, fet il, iceste paie
Sé je vostre de l'or l'apaie,
C'iert assez petite bontez ;
Et aussi sui je jà montez
Et tous prez, si com vos véez.
Biaus dous Amis, ne l' me véez
Cest don : voilliez le. » — Ne le vueil ! »
Ce dit qu'il se leroie son oeil,
Voire ou deus, de la teste trère,
Einz qu'à ce se poist atrère,
Que de sa main li afia.
Gauvains voit que mestier n'i a
Rien nule, qu'en dire li sache.
Si desvet son haubert et sache
De son dos, et tost se desarme.
Lancelot de ses armes s'arme
Tout sanz délai et sanz demore.
Car molt li délaie et demore
Qu'aquitez seit et paiez.
N'aura mès biens, sé n'ert apaiez
Méléaganz, qui se merveille
Outre reson de la merveille
Que à ses eus esgarde et voit.
A bien petit qu'il ne desvoit ;
A bien po que le sens n'a changié.
— Certes, fet il, fous fui, quant gié
N'alai, einçois que ça venisse,
Veoir sé je encor tenisse
En ma prison et en ma tour

Celui, qui or m'a fet .i. tour.
Ha Dex! et por quoi i alasse?
Coment, par quel reson quidasse
Qu'il s'en peust estre issiez?
N'est le murs assez fort teissiez?
N'iert la tor assez fort et haute?
Nil n'i avoit pertuis ne faute
Par ont il issir s'en deust,
S'aide par défors n'i eust?
Espoir qu'il i fu encusez.
Or soit que le murs fust usez,
Et tout cheu et tout fonduz
Ne fust il avec confonduz!
Coment qu'il est, il en est fors.
Mès sé je m'en gardasse lors,
Ne ja ne fust ne n'avenist
Qu'il jamès à cort venist.
Le vileins dit, et n'est pas fable,
Que l'en à tart fermé l'estable,
Quant li chevaux en est emblez.
Bien sai, touz serai desmembrez
A grant honte et a grant ledure.
Se ja sez, ne seufre et endure.
Quel soufrir ne quel endurer!
Mès tant com je porrai durer,
Li dorrai assez grant entente,
Sé Deu plest, en cui j'ai m'atente. »

 Issi s'en vait réconfortant;
Ne si ne demande fors tant
Qu'il en champ soient mis ensemble.
Et ce iert par tens, ce me semble;
Car Lancelot le vet requerre,
Qui molt tost le cuide conquerre.
 Mès einz que l'uns l'autre asaille,
Lors dit li Rois que chascuns aille

Aval de la tor en la lande.
N'a si belle jusqu'en Illande.
Le Rois i vet, et touz et toutes ;
A granz tropiaux et à grand routes
Si vont là tuit : .II. n'i remeint.
Et as fenestres en vont meint,
La Reïne et ses puceles,
Dont avec lui avoit de beles.
  En la lande .I. segremor ot,
Si biaux que plus estre ne pot.
Molt tenoit place; molt est lez.
Si ert le leus anvironez
De menue herbe fresche et bele,
Qui en touz tens estoit novele.
Souz le segramor gent et bel,
Qui plantez fu dou tens Abel,
Cort une bele fontenelle,
Qui de corte iert assez isnele.
Le graviers en est biaus et genz,
Et clers com si ce fust argenz.
Et li cuiaus, si com je cuit,
D'or fin sont esmeré trestuit :
Et cort parmi la lande aval,
Entre deus bois, parmi .I. val.
Ilec plest le Roi qu'il siée,
Quel n'i voit rien qui dessié :
Les genz fet trère touz en sus.
  Et Lancelot molt tost cort sus
Méléaganz de grant aïr,
Com celui qui molt puet haïr.
Mès avant, einz qu'il le fiert,
Li dist à haute voix et fière :
— Cueuvre toi bien ; je te deffi !
Et ce saches tu bien de fi
Que je ne t'espargnerai point. »

Lors broche le cheval et point;
Et ariers un petit se trèt,
Tant de place come .i. ars trèt;
Puis lait li uns vers l'autre corre,
Quanque li cheval puent corre.
Si s'entrefièrent meintenant
Ès escuz, qui sont bien tenant,
Que les ont troez et perciez.
Ne l'un ne l'autre n'est bleciez
N'en char, c'on seu à cele hore.
Lors passent outre sans demore ;
Puis se revont granz cous doner,
Quanque cheval peut randonner.
Les lances sont outre passées,
Qui fretes ne sont ne quassées.
Et sont par force parvenues
Dusqu'à lor chars trestoutes nues.
Par grant vertu l'un l'autre enprint,
Qu'à terre ont endui enprint.
Ne poitreaux, ne cengle, n'estriers
Nes pot tenir que par detriers
Chacuns d'eus la sele ne vuide,
Qui de seignor fu toute vuide :
Estraiez en sont li cheval,
Qu'il s'envont amont et aval.
Li uns regibe; l'autres mort:
Que l'un volsist l'autre avoir mort.

 Et li chevalier, qui chéèrent,
Plus tost qu'il porent sus saillèrent.
Et ont tost les espées tretes,
Que de letres èrent portretes.
Les escuz devant lor vis metent :
Au melz qu'il puent, s'entremetent
Coment se puissent domagier
As boenes espées d'acier.

Lancelot ne l' redoute mie,
Qu'il savoit plus de l'escremie
La moitié que cil ne savoit;
Car d'enfance apris l'avoit.
Andui s'entrefièrent grans coux
Sor les escuz, qu'il ont aus colx,
Et sor les hiaumes d'or barrés,
Que frainz les ont et enbarrez.
Mès Lancelot le haste fort ;
Si li done grant cop et fort.
Devant li fiert à descouvert
El bras destre de fer couvert,
Qu'il li a coupé et trenchié.
Et quant cil se sent domachié
De sa destre, qu'il a perdue,
Dit que chier li sera vendue,
Sé il en puet lesir avoir.
Ne remandra por nul avoir ;
Que tant a duel et ire et rage,
Qu'à bien petit qu'il n'enrage.
Vers lui cort, que prendre le cuide :
Mès Lancelot bien se porcuide,
Qui a s'espée, qui bien taille.
Esraïez en sont li cheval.
Li fet tel orche en sa taille,
(Dont il ne respassera mais
Einçois avant passé. II. mais)
Que le nasel li hurte as denz :
Quatre l'en a brisié dedenz.
Et Méléaganz a tel ire
Qu'il ne puet parler ne mot dire;
Ne merci et demander ne deigne ;
Que si fox cuers li desenseigne,
Qui trop l'emprisone et lace.
   Lancelot vient ; si li deslace

Li hiaume, et la teste li trenche.
Jamès cist ne li fera guenche.
Morz est cheuz; fet est de lui.
Qui ilec fust, qui ce veist
Que nule pitiez l'empreist.
  Li Rois et tuit cil qui là sont
Grant joie en demainent et font.
Lancelot desarment adonques
Cil, qui plus lié ne furent onques.
Si l'en ont mené a grant joie.

Or sachiez, sé plus en disoie,
Ce seroit outre la matire :
Por ce au définer m'atire.
  Ci faut li romans en travers :
Godefroi de la mer li clers
A parfinée la Charete.
Mès nus hom blame ne li mete,
Sé sus Crestien a ovré ;
Qui l'a fet par le boen gré
Crestien, qui le comença.
Tant en a fet dès là en ça
Où Lancelot fut enmurez,
Tant com le contes est durez.
Tant on a fet, ne volt plus metre.
Hic explicit de la charete.

Ci fenist li Romanz dou chevalier
de la
Charrette.

TABLE ANALYTIQUE DU ROMAN.

La cour du Roi Artus. . . . , . . . *page* 2.
Défi de Méléagans, fils de Baudemagus. . . . . 2.
Kès conduit la Reine dans la forêt. . . . . . 6.
La Reine est faite prisonnière. . . . . 9.
Gauvain poursuit Méléagans. . . . . 10.
Il fait route avec le chevalier de la charrette. . . 12.
Le lit défendu. . . . . 17.
Le Royaume de Baudemagus. . . . . 22.
Le pont de l'épée et le pont dessous l'eau. . . 22.
Le passage du gué. . . . . 24.
La demoiselle hospitalière. . . . . 30.
Rencontre de Méléagans et les suites. . . . . 45.
Le chevalier de la charrette chez un châtelain. . 58.
Le passage des pierres. . . . . 62.
Le pont de l'épée. . . . . 84.
Combat singulier : délivrance de la Reine. . . 103.
Le rendez-vous. . . . . 128.
Lancelot est fait prisonnier. . . . . 137.
Retour de la Reine. . . . . 140.
Le tournoi. . . . . 144.
Lancelot y comparait. , ... 146.
Méléagans le fait enfermer dans une tour. . . . 165.
Bravade de Méléagans. . . . . 167.
Sa sœur délivre Lancelot. . . . . 177.
Mort de Méléagans. . , ... 188.

TEXTES.

MANUSCRITS ET IMPRIMÉS RELATIFS À LANCELOT DU LAC.

Le roman de Lancelot complet : m^{it} de la Bibl. nat. n° 6959. — 13e siècle. — Voir aussi les n°s 6782 et 6772.

Première partie. M^{it} de la Bibl. nat. n° 6770.

Deuxième partie. M^{it} de la Bibl. nat. n°s 6965, 6974 et 6794.

Dernière partie. M^{it} de la Bibl. nat. n° 6793, daté de 1348 ; n° 6963, daté de 1274.

Abrégé en prose du roman de Lancelot du Lac, par Rusticien, de Pise : 14e siècle. M^{it} de la Bibl. nat. n° 6961.

The lyf and acts of the King Arthur ; of his noble Knyghtes of the Round Table.... Westmestre : Caxton. 1435. — Id. W. de Worde, 1498 et 1529. — Id. 16e siècle : Londres : W. Copland. — Id. Goth Londres, Th. Cast. — Id. Londres, 1629. — Londres, 1817.

Roman fait et composé à la perpétuation des vertueux faits et gestes des plus nobles chev. spécial, à la louange de Lancelot du Lac. Rouen, J. le Bourjois. — Paris, J. Dupré, 1488.

Libro de bataglie de Tristano el Lancilloto et Ghaleso et della Raena Isota. — Cremone, 1492 ; in-4°.

Les merveilleus fais et gestes du noble et preux chev. Lancelot du Lac, compagnon de la Table ronde : Paris, A. Verard, 1494. — Id. J. Petit et Michel Lenoir, 1520. — Id. Ph. Lenoir, sans date. — Id. J. Petit et Ph. Lenoir, 1533.

La demanda del Sancto Grial con los maravillos fechos de Lancarote y de Galas su hijo... Juan de Villaquiran Toledo. 1525.

L'histoire du St Grial, qui est le premier livre de la Table ronde, ensemble la queste du dict St Graal faicte par Lancelot, Galaad... J. Petit. — G. Dupré. — M. Lenoir, 1516. — Id. Paris, Ph. Lenoir, 1523.

Lo innamoramento di Lancilotto : Nic. di Agostini. Venezia, 1520 ; in-8°.

Lillustre historia di Lancilotto del Lago. Venezia, 1557.

Lillustre et famosa istoria de Lancelotto del lago che fu al tempo del re Artu. Venezia, Michel Tremezzino, 1558-1559, 3 vol. in-8º.

Memorial des proezos de segonda Tabola rotunda. Coimbra, 1567; in-4º.

1 quatro primo canti del Lancillotto. Venezia, 1580; in-4º.

Histoire contenant les grandes prouesses, vaillances et héroïques faits d'armes de Lancelot du Lac, divisée en 3 liv. et mise en beau langage françois. (Abrégé du roman édité en 1488 et 1494). Lyon, B. Rigaud, 1591.

Bibliothèque bleue, 1775.

Bibliothèque universelle des romans. Paris, 1775-89.

Le roman du Saint Graal, en vers. F. Michel. Bordeaux, 1841.

Contes populaires des anciens Bretons, par Th. de la Villemarqué. Paris, 1842.

GLOSSAIRE.

A.

Aatine. — Tournoi, duel, joûte.
Abandon. — Liberté, aise.
Abet. — Cri, calomnie.
Acesmé. — Orné, équipé.
Achat. — Prix, rançon.
Acheson. — Occasion, motif.
Acointance. — Amitié, liaison.
Acoiser, s'. — S'apaiser.
Aconter. — Raconter, tenir compte.
Acouté. — Acoudé, appuyé.
Acreanter. — Promettre, certifier.
Acreu. — Ajouté, emprunté.
Adès. — Alors, toujours.
Adeser, adoiser. — S'approcher, toucher.
Adolé. — Attristé.
Adorner. — Préparer, dresser.
Adouber. — Armer, recevoir chevalier.
Adroit. — Alors, à-propos, justement.
Aé. — Age.
Aerdre, s', — S'attacher.
Aeser, s'. — Se mettre à l'aise, reposer.
Aférir. — Appartenir, importer, être utile.
Afeter, s'. — S'arranger.
Afetié. — Habile, noble, distingué.
Aficher. — Affirmer, raconter, fixer.
Afier. — Certifier, défier.
Afis. — Défi, provocation.
Aguetés. — Guetté, surveillé, surpris, gardé.
Agus. — Fin, délicat.
Aïe, aite. — Aide, secours.
Ajornée. — Rendez-vous.
Ajorner. — Assigner à jour fixe.
Aleure. — Marche, tenue, pas.
Aloe. — Alouette.
Aloigne. — Délai, retard.
Aloser. — Louer, illustrer.
Ambedeus, ambedui. — Tous deux.
Amblant, cheval. — Qui va l'amble.
Amende. — Excuse, rançon.
Amender. — Présenter, changer, secourir, expier.
Ament, que Dieu m'. — Que

Dieu pense à moi.
Amenteu. — Mentionné, cité.
Amerès. — Aimable, galant.
Amettre. — Accuser, reprocher.
Amont. — En haut, en remontant, au loin.
Andeus, anduis. — Tous deux.
Angevin. — Menue monnaie.
Angoisseus. — Tracassier, méchant.
Ansinc. — Ainsi, aussi, alors.
Anuble. — Obscurci.
Aorer. — Adorer
Aorner. — Honorer, décorer.
Apaier. — Apaiser, satisfaire, payer.
Aparoler. — Adresser la parole, causer.
Apérir, s'. — Se montrer, se découvrir.
Apers, apert. — Connu, divulgué, brillant.
Aqueut, s'. — Se dirige.
Aquiaut, s'. — S'enquiert, se dirige.
Arami. — Annoncé, convenu.
Arçonner. — Plier, se courber en arc.
Arde, que l'on l'. — Qu'on le brûle.
Arée. — Terre labourable, champ.

Aresner. — Parler, causer, accueillir.
Arguer. — Reprocher, presser, avertir.
Ars, art. — Arc, brûlé.
Aseurer. — Se mettre en sûreté.
Asoager. — Adoucir.
Atalenter. — Vouloir, désirer, plaire.
Atant. — Alors.
Atempré. — Prudent.
Atendre. — Faire attention, observer.
Atirer les chevaux. — Les harnacher.
Ator, atour. — Toilette, costume.
Atourner. — Retourner, réussir, achever, habiller, équiper, attacher, tourner.
Atrère. — Attirer, chercher à plaire.
Auner. — Réunir, niveler, réduire au même sort, — mesurer.
Ausinc. — Ainsi, aussi, alors.
Aut, qu'elle. — Qu'elle aille.
Autresi. — Comme.
Avaler. — descendre.
Avanpié. — Partie de l'armure qui couvrait le pied.
Aviler. — Dédaigner, déprécier.

B.

Bade. — Bath.
Baer. — Bailler, souhaiter, donner.
Baïle. — Château.
Baillier. — Garder, défendre.

Bandon. — Liberté, discrétion.
Banon. — Couverture de grosse toile, coffre.
Baux. — Gaîté, joie, danse, jeu.
Béer. — Ouvrir la bouche, re-

garder, écouter.
Beneuré. — Bienheureux.
Bercer. — Endormir un enfant, chasser.
Bière. — Litière.
Bistourné. — Mal tourné.
Blesmir. — Pâlir.
Bliant, bliaut. — Robe de chambre ou de nuit.
Brandon. — Fagot, Torche.
Bredis. — Lourd, pesant, brouillon, rétif.
Bretesche. — Fortification, château.
Brive, à. — En hâte.
Broce. — Broussaille.
Brocher, broncher. — Piquer des deux, chasser, lancer son cheval.

C.

Camalot, Carlion. — Villes du royaume fantastique d'Artus.
Cels. — Ceux.
Celot, qu'on li. — Qu'on le cache.
Certe. — Certain, confiant.
Certes à. — Certainement, sérieusement.
Chaceor. — Cheval de chasse.
Chaï, il. — Il tomba.
Chaille, ne vous. — Ne vous souciez.
Chaiois. — Chiez, tombez.
Chaitif. — Petit, humble.
Chalengier. — Disputer.
Chalonge. — Difficulté, querelle.
Chancel. — Chœur d'Eglise.
Chanu. — Vieux.
Chaple. — Combat, lutte.
Char. — Chair, corps, voiture.
Chariable. — Qu'il faut traîner en char.
Charrier. — Se promener en voiture.
Chasnes. — Chaîne.
Chaudra, ne m'en. — Je ne m'en inquiéterai pas.
Chaut, il ne. — Il ne lui importe.
Chaz, je. — Je poursuis.
Cheu en champs. — Qui a succombé dans le duel judiciaire.
Chière. — Figure, air.
Chiès. — Chef, tête.
Claimer. — Appeler.
Coi. — Immobile, Paresseux.
Cointise. — Coquetterie, fatuité, bravade.
Colier. — Couler, descendre.
Coloier. — Tendre le col.
Comment, je. — Je recommande.
Compasser. — Mesurer, faire avec soin.
Comparer, comperer. — Payer, expier.
Conduit. — Guide, escorte, sauf-conduit.
Conjouir. — Faire bon accueil, chercher à plaire.
Connestable. — Maître d'hôtel.
Conréer. — Arranger.
Conroi. — Etat, position.
Conroier. — Préparer, bien traiter.
Conseil, à. — A part, en particulier, à voix basse.
Contret. — Contraint, courbe, assis.
Contreval. — En bas, au

Contrueve. — Mensonge.
Convent. — Convention.
Convoier. — Conduire, escorter.
Corage. — Idée, désir, volonté.
Corgiée — Fouet.
Coron. — Cercle, royaume.
Cors. — Course.
Corsu. — Vigoureux, gros.
Cort. — Palais, cour.
Corte. — Source, endroit clos.
Cos. — Coups.
Cous. — Cocu, joué, trompé.

Coute. — Coude, couverture.
Covenant, covent. — Convention.
Covenir. — Convenir.
Créanter. — Promettre, certifier.
Crenu. — Garni de crins.
Crieme. — Crainte.
Criement, ils. — Ils craignent.
Crient. — Craint.
Cruiaus. — Cruel, dur.
Cuens. — Comte.
Cuiaus. — Cailloux.
Cuvers — Serf, vil, perfide, lâche.

D.

Duarain. — Dernier.
Daha, dahe. — Malheur, malédiction.
Dé, Dex, Deu. — Dieu.
Deboiser. — Causer, decrire.
Deduire. — Se distraire, s'occuper.
Degengler. — Bavarder.
Delez. — A côté.
Delitter. — S'amuser, plaire.
Delivre — Libre, facile, dégagé.
Delivrement. — Lestement, sans peine.
Delivrer, se. — Se placer, se mettre à son aise.
Dellié. — Sans ceinture, sans bride.
Deloier. — Délaier, allonger, délier.
Dels. — Deuil.
Demainer, demener. — Conduire, tenir.
Demaing, je me. — Je me demaine.
Dementer, se. — Se plaindre.
Dementiers. — Plainte. — Pendant que.
Demorance. — Retard.

Depiecer. — Mettre en pièce.
Déport. — Plaisir.
Déporter, se. — Se plaire.
Deresnié. — Défendu, disputé, dénié.
Desanor. — Déshonneur.
Deschaitives. — Tiré de peine.
Desclos. — Mis dehors.
Deserte. — Service, récompense.
Deservir. — Mériter, gagner.
Deseuvrer. — Séparer.
Deserrer. — Montrer, ouvrir.
Despis, despit. — Méprisable.
Despiter. — Mépriser.
Despoirer, se. — Se désespérer.
Desroi. — Malheur, désordre, faute, défaite.
Desserte. — Service, mérite, gain.
Deste. — Dette, promesse.
Destorber. — Troubler, déranger.
Destre, en. — A la main droite.
Destrece. — Embarras.
Destrecier. — Être en détresse, embarrasser, opprimer, gêner.

Desvé — Fou. *Desverie.*— Folie.
Desvoyer, se. — Quitter la route.
Detrousser.—Opprimer, contrarier.
Deut, il. — Il s'afflige.
Devaler. — Descendre.
Devise à. — A souhait.
Deviseor. — Directeur, conseiller.
Deviser. — Projeter, décrire, indiquer, supposer.
Diaprées. — Ornement, étoffe de plusieurs couleurs.
Diaux, dieus. — Deuil.
Doint, qu'il. — Qu'il donne.
Doloir. — Se plaindre, gémir, retentir.
Dolons, nous. — Nous nous plaignons.
Domachié, — Endommagé
Don, dons, dont. — D'où, donc, dont.
Dotance. — Timidité, hésitation.
Doublier. — Serviette, nappe, linge.
Doudroit, il se. — Il se plaindrait, il aurait du mal.
Douloie, je me. — Je m'affligeais.
Droiture. — Droit.
Duel. — Deuil.
Dui, je. — Je dus
Durement. — Beaucoup.

E.

Einçois, eins. — Mais, au contraire, avant, ainsi, aussi, ici, céans.
Eis. — Eux, elles.
Eisir, — Sortir.
Eissue. — Sortie, issue.
Eist, si Deu m'. —Si Dieu m'aide.
Embelir — Plaire.
Embler. — Voler, enlever. *S'embler.* — Disparaître.
Emprendre. — Saisir, serrer, entreprendre.
Enchacier. — Poursuivre de près.
Enchaitiver.—Rendre malheureux.
Encheu.— Qui a succombé dans le duel judiciaire.
Encombrier. — Obstacle.
Encrient, il. — Il craint
Encuser. — Dénoncer, renseigner.
Endementiers. — Pendant.
Enfance. — Folie, jeunesse.
Enfrener. — Soumettre au frein.
Engigner. — Exciter, séduire, tromper.
Enging. — Outil, ruse.
Engrant, engrès. — Disposé, de bonne volonté.
Ennarme. — Courroie du bouclier pour le passer au bras ou le suspendre au col.
Ennor. — Honneur.
Ennuit —Cette nuit, aujourd'hui, maintenant.
Enque nuit. — Avant la nuit, cette nuit.
Eurièvre. — Entêté, fou.
Enseller. — Seller.
Ensement. — De même, en même temps
Enserré. — Captif.
Ensinc. — Ainsi, aussi, avant, mais.

Entendre. — Faire attention.
Enterin. — Entier.
Entrefiérir, s'. — Se frapper l'un l'autre.
Entreflatter, s'. — Se blesser l'un l'autre.
Envoise, que je m'. — Que je m'en aille.
Erre. — Passage, marche.
Ès. — Ais, bois de lance.
Esbaudir, s' — Se réjouir, s'animer.
Escarlate. — Étoffe fine.
Eschever. — Éviter.
Escremie. — Escrime.
Escrois, — Bruit, éclat, craquement.
Escondire. — Refuser, nier, se défendre.
Èse. — Aise, facilité.
Esgart. — Vue, regard, convention, accueil.
Esléecier, eslesser. — Réjouir, laisser.
Esmaier — Émouvoir, troubler.
S'esmaier. — S'inquieter.
Esmeré. — Pur, brillant.
Esmier.—Briser, mettre en pièces
Espinel. — Fagot d'épines.
Espit, qu'elle. — Qu'elle épie, saisisse.
Esploitier. —Faire des prouesses, réussir.

Espoir. — Peut-être, sans doute.
Espoirer. — Croire, craindre.
Esqueut, il s'. — Il accourt.
Essil. — Exil, ruine, captivité, malheur.
Essombre. — Bois, ombrage.
Estant, en. — Debout.
Estelé. — Étoilé.
Ester. — Être, se tenir, persister.
Estevos, estes le vos. — Le voici, il est présent ou arrivé.
Estor. — Combat, tournoi.
Estormi. — Stupéfait.
Estorner. — Tourner, pirouetter.
Estour. — Combat, coups.
Estoura, il. — Il faudra.
Estout. — Brave, hardi, jeune.
Estoutie.—Impétuosité, bravoure, folie.
Estovoir.—Préparatif, disposition.
Estraiz. — Étroit, serré.
Estrangier. — Écarter, éloigner.
Estre. — Position, affaire.
Estrivière. — Étrier.
Estri, estrif. — Combat, querelle, duel, procès.
Estrous.— Éclat, bruit, rapidité.
Estuet, estut. — Il convient, il faut, il est, il se tient.
Esvoz. — Il est présent, le voici.
Evage. — Aquatique, sous l'eau.
Eve. — Eau.
Evos — Voici.

F.

Faille. — Faute, honte, perte.
Failli. — Coupable, maladroit, déshonoré.

Faillir. — Manquer son coup.
Fautre. — Point d'appui préparé sur la selle pour la lance.

Fé. — Fait.
Fel, felenesse, felon. — Traître, terrible, cruel.
Férir. — Frapper.
Festus. — Fête, festin.
Fetement — Habilement, sagement.
Fiance. — Parole, promesse, foi.
Fiée. — Fois, reprise.
Fiuz. — Fils.
Foiée. — Fois, reprise.
Foi. — Fui, en fuite.
Foloier. — Etre fou, badiner.
Forlignié. — Dégénéré.
Forsener. — Perdre la raison.
Fraint, fraiz. — brisé.
Franc. — Généreux.
Franchise. — Noblesse, chevalerie.
Frarin. — Méchant, hostile, maussade.
Frete. — Fracture, brêche.
Froisseiz. — Frottement, foulure, choses froissées.
Fuer, fuerre. — Hors, prix, paille, fourreau.
Fuie. — Fuite.
Funs. — Fumée, encens, odeur.
Fust, fuz. — Bois.

G.

Gaber. — Railler, jouer.
Gabois. — Raillerie, jeu.
Gaitier — Guetter, Chercher.
Garra, il. — Il gardera.
Gart, qu'il se. — Qu'il se garde.
Gas. — Plaisanterie.
Gaster. — Perdre, entamer, user.
Gemme. — Pierre précieuse.
Genestre. — Gênet, plante.
Genoivre. — Genévrier.
Gesir. — Coucher.
Geter. — Oter, écarter.
Girra, il. — Il se couchera.
Gisse, qu'il se. — Qu'il se couche.
Gistes. — Lisez, gestes.
Gloser. — Commenter, bavarder.
Glouz. — Glouton, avide.
Gluie. — Paille, foin, roseau, chaume.
Gort. — Passage, défilé.
Graante. — Garantie, promesse.
Gramment. Grandement.
Greignor. — Plus grand.
Grevain. — Dur, pénible.
Grever, griever. — Contrarier, vexer.
Grièment. — Gravement.
Griès. — Difficile, dur.
Grondre. — Bouder, murmurer.
Guenche. — Fuite, perfidie.
Guenchir. — Fuir, trahir, tromper.
Guerpir. — Se sauver.
Guerredon. — Récompense.
Guier. — Guider.
Guige — Courroie, embrasse du bouclier.

H.

Haitié. — Joyeux, leste, heureux.
Hanap. — Coupe, verre.
Haubers. — Cotte de mailles.
Herbergier. — Loger, recevoir.
Heter. — Réjouir, animer, rendre heureux.
Hetié. — Sain, gaillard, gai.
Hiaume. — Casque.
Hiraz. — Hérault.
Honnir. — Déshonorer, faire tort.
Honte. — Injure.
Hore de prime. — Six heures du matin.
Hosté, hostex. — Hôtel.
Huier. — Huer.
Huimès. — Aujourd'hui, maintenant.

I.

Iaume. — Casque.
Ier. — Hier, aller, être.
Ièrent, ils — Ils sont, ils seront.
Iert, il — Il est, il sera.
Igal, par. — Également.
Ilues. — Là, ici.
Imès. — Huimès, maintenant.
Inel. — Rapide et bref.
Infois. — Enfouis, enfermé.
Iqui. — Ici, là.
Iré, irié. — Irrité.
Isnel, — Rapide, bref.
Issir. — Sortir, s'en aller.
Ist, sé Deu m'. — Si Dieu m'aide.
Istroient, ils. — Ils sortiraient.
Itant. — Autant, alors, aussi.
Itra, il. — Il sortira.

J.

Jengle. — Langue, beau parler.
Jengler. — Causer, tenir des propos.
Jouste. — A côté.
Joustise. — Puissance, justice.
Joustisier — Gouverner, opprimer, torturer, blesser, faire droit.
Ju. — Couché.
Juist, elle. — Elle se coucha.
Jus. — En bas.
Jut, il. — Il se couche.

L.

Laiaument. — Loyalement.
Lait, il. — Il laisse.
Landi. — Foire du Lendit tenu à Saint-Denys.
Langes. — Chemise de laine.
Lais. — Loi, joie, honneur.
Lassus. — Là haut.
Lates. — Menues planches du pla-

fond.
Laz. — Lacet, corde, ceinture.
Lé. — Large.
Léal. — Loyal.
Léans, léens. — Céans, ici.
Léaument. — Loyalement, franchement.
Ledir, ledoier. — Faire tort, injurier.
Legier, de. — Facilement.
Lemme. — Lame, dalle.
Leré, je. — Je laisserai.
Lesir. — Loisir, aise.
Les, je. — Je laisse.
Les. — Page 170, vers 20, lisez Tes.
Lest, il. — Il laisse.
Let. — Laid, faute, honte.
Let. — Long, large, grand.
Leu. — Lieu, temps, heure.
Lez. — Large, à côté, côté, tranche.
Lès à lès. — Côte à côte.

Le. — Le, la, les, lui.
Liément. — Gaîment.
Lies, je t'en. — C-à-d. je relève ton gant, ton accusation : celui qui accusait se mettait à genoux devant les reliques.
Liet, se. — Se leve.
Liez. — Content.
Lige, moie chose. — Ma chose propre.
Livre. — Livraison, occasion, sujet.
Lorain, lorein. — Bride, courroie.
Los, loz. — Gloire, conseil, avis.
Losange. — Louange, flatterie, mensonge.
Losengier. — Louer, être poli, flatter.
Lot, il. — Il loue, il approuve, il conseille.
Lui. — Elle.
Luès. — Là, ici.
Luiter. — Lutter.

M.

Mailler. — Frapper du maillet.
Main. — Matin.
Mais. — Mois.
Malaïte. — Maudite.
Malmis. — Mal traité.
Maltalent. — Dépit, méchanceté.
Manoir. — Demeurer.
Mar. — Exclamation de malheur.
Marche. — Frontière.
Mat. Abattu.
Maus. — Mauvais, périlleux.
Mautalent. — Colère, méchanceté, dépit.
Mauvestié. — Lâcheté.

Maz. — Abattu, vaincu.
Mehaing. — Malheur, souffrance.
Meldre, mels. — Mieux, meilleur.
Membrer. — Rappeler, se souvenir.
Mendre. — Moindre.
Merir. — Récompenser.
Mérite. — Gain, récompense.
Mès. — Plat, lot, destinée, but.
Mesaisier. — Maltraiter.
Meschaï, il. — Il avint malheur.
Meschine. — Pauvre femme.
Mesconter. — Ne pas compter.
Mescréance. — Soupçon, accusation.

Mesniée. — Gens, maison, famille.
Mestier. — Besoin, arme, outil.
Mèsui. — Aujourd'hui, à présent.
Mesure. — Modération.
Metiez. — Moitié.
Meure. — Mule.
Meust, se. — Se remue.
Mine. — Jeu de dez, jeu de hasard.
Molement. — Lisez moltement, beaucoup.
Mont. — Monde.
Monte, la. — Le montant, le total.
Monter. — Être utile, avoir du prix.
Moré. — Vin foncé, hydromel.
Mostier. — Monastère.
Mourai, je me. — Je me remuerai.
Mouse. — Mousse.
Mucier, se. — Se cacher.
Muele. — Meule.
Mure. — Mule, haquenée.
Muser. — Attendre, regarder.
Must, se. — Se remue, s'agite.

N.

Naagier. — Naviguer.
Naié. — Nié.
Nais. — Natif, né.
Nasel. — Nez, devant du casque.
Nates. — Tresses, tapis de jonc.
Nativité. — Noël.
Navré. — Blessé.
Ne. — Ni, en, ou, on, et.
Nellui. — Aucun.
Nes, nois, ne les. — Pas même, même, aucun, pas, rien, tant soit peu.
Nercis. — Noirci, assombri, affligé.
Nesel. — Rien, un peu, pas même, quelque chose.
Nevon. — Neveu.
Nient. — Néant, non, ne, rien.
Niès. — Neveu.
Noans. — Sottise, nullité, faute, incapacité, néant.
Noël. — Noé.
Noier. — Nier.
Noise. — Bruit.
Nuble. — Nuage, obscurité.
Nus, nullui. — Aucun.
Nut, il. — Il nuit.

O.

O. — Avec.
Oan, oen. — Avant, dorénavant, désormais.
Ogres. — Orgues.
Oiance. — Présence, auditoire, public, ouïe.
Oiel. — Œil.
Oignement. — Baume, remède.
Oiseuse. — Oisiveté, temps perdu, parole inutile.
Or endroit — A présent.
Orche. — Coupure, blessure.
Orine. — Origine, race.
Os, j'. — J'ose.
Oste. — Hôte. — *Osteler.* Loger. — *Ortex* Hôtel.

Ot , il. — Il entend, il eut, ia.
Outrage. — Excès. folie.
Otréement.— Absolument, avec excès.
Ouvrer, ovrer. — Travailler.

P.

Paagier. — Faire payer le péage.
Painer· — Avoir du mal, souffrir.
Paluer. — Fermer.
Panteisant. — Étouffant, suffoquant.
Parclose. — Prison, clôture, conclusion, convention.
Pareux. — Pareil.
Parfiner. — Achever.
Parlement. — Causerie, conversation, conseil.
Paroffrir. — Offrir avec instance.
Parra, il. — Il paraîtra.
Partir. — Partager, faire la part.
Partir, se. — Se séparer.
Pas. — Retard, lenteur.
Paumeton, à. — Sur la paume de la main.
Pecoier — Mettre en pièces, endommager.
Pel. — Pieu, peau.
Pelle. — Perle, manteau.
Pener, se. — S'efforcer.
Penne. — Plume, étoffe, drapeau.
Penon. — Bannière, banderolle.
Pere, il. — Il paraît.
Pers. — Bleu.
Pes. — Paix, fin, repos.
Pesance. — Chagrin.
Pesant. — A charge, maussade.
Pezas. — Cosse de pois.
Pièce. — Espace de temps.
Plaier. — Blesser, plier.
Plain. — Plaine, plat.
Plantéis. — Abondant.
Plante, à. — En abondance.
Plessier. — Plier.
Plet, plez. — Querelle, difficulté, combat, propos, conversation.
Plevir. — Promettre, jurer.
Poi. — Peu.
Poindre. — Piquer, diriger sa lance, piquer de l'éperon.
Pois. — Poitrine, cœur.
Poiser.—Peser, opprimer, affliger.
Poitraux. — Harnais, armure du poitrail du cheval.
Poour. — Pouvoir.
Poor. — Peur.
Porpenser. — Réfléchir.
Porquant. — Pourtant.
Porquerre. — Chercher.
Porte colant. — Qui ferme juste.
Portrait, portret. — Exécuté, tracé, orné, peint.
Pot, il. — Il peut, il put.
Praier. — Prier.
Presans, présenz. — Présence, arrivée.
Preu, preus. — Avantage.
Prime. — Avant, d'abord.
Primerain. — Premier, d'abord.
Pris. — Embarrassé, Mérite, honneur.
Prison. — Prisonnier.
Proesce. — Noblesse, libéralité.
Pruseis, je. —Je prévois.
Put. — Infame, honteux.

Q.

Quanque, quantque. — Tout ce que.
Quasser. — Briser, anéantir.
Que. — Quoique, parce que, pour que, quelque.
Querelle. — Raison, motif.
Queuc, faire la. — Pour un vilain tour.
Quex, quez. — Quel, quelque.
Querole. — Danse, jeu.
Querre. — Chercher.
Queste. — Entreprise, recherche.
Quinz — Cinquième partie.
Quis. Cherché, demandé.
Quisse, que je. — Que je cherchasse.
Quitement. — Librement, facilement.
Quitte. — Libre, dont on peut disposer.

R.

Rade. — Rapide, raide.
Raençon. — Rançon, pardon.
Ramerrai, je. — Je ramènerai.
Ramporner. — Gronder, vexer, humilier.
Randon. — Elan, course rapide.
Randonner. — S'élancer, courir.
Raoncles. — Bouton, éruption.
Realme. — Royaume
Recès. — Retraite, demeure, appui.
Recoi, en. — En repos.
Recorder. — Se souvenir.
Recort, il s'en. — Il s'en souvient, il se recort, il se rétablit, il a recours.
Recreant. — Vaincu, lassé.
Redout — Crainte, réserve.
Remanance. — Séjour, repos, retard.
Remanoir. — Rester, se tenir.
Rengigner. — Tromper de nouveau.
Repere. — Asile, demeure.
Reperer. — Habiter, revenir, se retirer.
Repeser. — Réfléchir, s'affliger.
Remès. — Resté, tranquille, abandonné.
Repost. — Reposé, resté, caché, écarté.
Repostaille. — Cachette.
Requérir. — Provoquer.
Resqueut, il. — Il recouvre.
Rescorra, il. — Il recouvrera.
Rescous. — Recouvré, délivré.
Resgard. — Aide, soin, respect.
Reson. — Raison, conseil, conservation.
Respasser. — Se rétablir.
Respicier. — Accorder grâce ou répit, Retarder.
Retargier. — Retarder.
Reter. — Ajourner, accuser, retenir, prendre.

Retollir. — Reprendre, enlever.
Retraire, Retrère. — Retreur, rappeler.
Reverchier. —Examiner, parcourir
Revest, il. — Il renvoie, il va de nouveau, il laisse aller.

Rien. — Chose, personne.
Roe. — Enroué.
Rous. — Rout, rompu.
Route. — Troupe, ligne.
Rover, ruever. —Demander, prier.

S.

Sable. — Noir.
Sacher. — Sachier, secouer, tirer.
Sage. — Expérimenté, instruit.
Saint. — Reliques.
Samit. — Etoffe de soie.
Sardine. — Sardoine.
Sarradin. — Sarrazin.
Saus. — Sauf, sauvé.
Sauf, sé Deu me — Si Dieu me sauve.
Sauvement. — En sûreté.
Segremor. — Sycomore.
Seigner, se. — Faire le signe de la croix.
Seitier. — Septier, mesure.
Selons. — A côté.
Semondre. — Exciter, avertir, prier, appeler.
Sen.— Sens, direction, prudence, jeu.
Sené. — Sensé, savant.
Seneschaux. — Grand maître de l'hôtel, surintendant.
Serir. — Soir, soirée.
Seror. — Sœur.
Ses. — Si les, les, ces.
Set. — Sept.
Seu. — Seigle, saule.

Seuil, je. — J'ai coutume.
Seument. — Seulement.
Seus. — Seul.
Sist, il, — Il s'assist, il convient, il était.
Sivre. — Suivre.
Soe. — Son, sien.
Soef. — Doux, doucement, sans peine.
Soffrir, sofferir. — Patienter, consentir, supporter.
Soivrer, se.— Se séparer, quitter.
Soldoier. — Serviteur, gage.
Soloir. — Avoir l'habitude.
Solsist, qu'il.— Qu'il payât, qu'il donnât.
Sorcuidié. — Présomptueux.
Souliez, vous. — Vous aviez l'habitude.
Soupeçon. — Souci, soin.
Souploier. — Se soumettre, s'en rapporter.
Soustivs. — Subtil, ingénieux, délicat.
Souterroie, je me.— Je me soustrairais.
Sueil, je. — J'ai l'habitude.
Suen. — Sien.

T.

Talent. — Volonté, désir.
Tant, à. — Alors.
Tanz. — Temps, fois, quantité.
Taus. — Tenu.
Teche. — Manœuvre, tour.
Teissiez. — Tissus.
Tele, à. — De telle façon.
Temple. — Tempe, tête.
Tençon. — Querelle, difficulté, combat.
Tenvre. — Fin, délicat, recherché.
Termine. — Frontière, royaume, délai, jour fixé.
Terune. — Terrain, champ clos.
Tesir. — Se taire.
Tessaile. — Thessalie.
Tex. — Tel.
Tiranz. — Violent, impétueux. — Qui tire avec peine.
Tire à tire. — Un à un, en détail.
Tuille. — Tuile, tilleul, toile.
Toaille. — Serviette de toile.

Tollir. — Enlever, prendre.
Tor, tors. — Taureau, tour, mouetn veme.
Tordr— Préjudicier, faire tort.
Tornéiz, pont. — Pont tournant
Tornoiement. — Tournoie.
Traire. — Tirer, arracher.
Trape. — Piège, prison.
Treint. — Trait, trenché, preint.
Trère. — Tirer, traîner. — *Trère à chef:* Mettre à fin.
Très. — Tente, camp.
Trespas. — Passage, défilé.
Trespenser. — Réfléchir.
Tressaut, il. — Il tressaille.
Tressuer. — Souffrir, avoir du mal.
Tret. — Tiré. — *Tout à tret:* D'un coup, de suite.
Truis, je. — Je trouve.
Tuen. — Ton, tien.
Tyriacle. — Remède composé.

V.

Vain. — Faible, vide, épuisé.
Vallez. — Fils, jeune homme.
Vanité. — Faiblesse.
Vassal. — Chevalier, brave.
Vavassor. — Noble d'un rang inférieur.
Véer. — Défendre, empêcher, désobéir, refuser.
Ventaille. — Visière, partie du casque par laquelle on respirait.
Vermaux. — Rouge, vermeil.
Vert. — Vair, petit gris.
Vessiaux. — Edifice, voûte.

Vet. — Va, vient.
Veu, je me. — Je m'en vais.
Veuil. — Vœu, volonté.
Veust, il. — Il empêcha.
Veuz. — Vieux.
Viaux, sé je. — Si je veux.
Vilains. — Mal appris.
Vis. — Visage.
Voies, toutes. — Toutes fois.
Voirre. — Oui, peut-être.
Volt. — Visage.
Vos, et. — Et voici.

www.ingramcontent.com/pod-product-compliance
Lightning Source LLC
Chambersburg PA
CBHW060120170426
43198CB00010B/968